Erika Kolbey

DAS SPIEL EIN LEBEN

Das musikalische und poetische Figurentheater der

PUPPET PLAYERS

Susanne Forster
Stefan Fichert

DAS SPIEL EIN LEBEN
Das musikalische und poetische Figurentheater der
PUPPET PLAYERS

verlegt bei Wilfried Nold in Frankfurt am Main

INSZENIERUNGEN

1973	Inook and the Sun
1975	The Clown's Story – Gründung der Puppet Players
1976	Shakespeare & Co
1979	Unter ∗ Ober ∗ König ∗ Sau
1980	The Trojan Donkey
1981	Babar der Elefant
1982	Deutschland wo liegt es
1983	Mozart und Harlequin
1984	Trödelmarkt der Träume
	Die Arche Noah
1986	Die Geschichte vom Soldaten
1987	Moses und der König von Ägypten
1988	Die Sage von der Reismühl'
1989	Der Turmbau zu Babel
1990	Der Josa mit der Zauberfiedel
1992	Vorübergehend Geschlossen (Lysistrata)
1993	Victoria – Lysistrata
1994	Die Nase
	Die Chinesische Nachtigall
1995	Dr. Dolittle und seine Tiere
1996	Der Weiße Dampfer
1997	Der Drachenfisch
	Die Bremer Stadtmusikanten
1999	Der Finsternishandel
2000	Die Geburt
2001	Von Bären, Elefanten und anderen Musikanten
2002	Michael Kohlhaas
2003	Sisyphos
	Tranquilla Trampeltreu
2005	Mozart auf Reisen
	Die unterirdischen Abenteuer des Kleinen Drachen
2006	Norbert Nackendick
2007	Der Blaue Kurfürst in Roten Zahlen
2009	Das Traumfresserchen

INHALTSVERZEICHNIS

Einleitung	9
Die Londoner Lehrjahre	13
George Speaight – Mitbegründer der Puppet Players	27
Von London zurück nach Bayern	41
Heinrich Klug und die Kinderkonzerte der Münchner Philharmoniker	53
Drei Geschichten aus dem Alten Testament	63
Das Schattentheater	71
Hans Werner Henze und die Münchener Biennale	89
Lysistrata – unser Erbe der Biennale	109
Schauspiel gewinnt an Gewicht	125
Zurück zum Kindertheater in kleiner Besetzung	135
Das experimentelle Musiktheater lässt uns nicht los	143
Unsere Begegnung mit der großen Bühne	157
Susanne solo	167
Stefan solo	175
Regie für Musiktheater – „Eine Brandenburger Trilogie"	185
Auftraggeber Umweltministerium	205
Zurück zur Marionette	211
Neuentdeckung Alte Musik	217
Anhang	225

Gewidmet unseren Kindern Jakob und Anna

Aus „Die Chinesische Nachtigall", 1994

Der Verlauf eines Flusses wird nicht selten als Sinnbild verwendet, wenn es gilt, das Fortkommen eines Unternehmens oder die Entwicklung eines Menschen zu veranschaulichen. Er, der Fluss, wird von der Quelle an ständig durch kleine und große Zuflüsse verbreitert und vertieft. Schließlich ergießen sich seine Wassermassen ins Meer, um sich dann in der Unendlichkeit des Ozeans zu verlieren. Obwohl wir Puppet Players zum Zeitpunkt des Erscheinens dieses Buches noch nicht im Meer angekommen sind, ist es doch bisher mit uns nicht anders gewesen. Dieses Buch soll unseren „Flusslauf" nachzeichnen und die wichtigsten Ein- und Zuflüsse benennen.

EINLEITUNG

Susanne Forster und Stefan Fichert sind im Nachkriegsdeutschland in Gauting bei München in zwei verarmten Künstlerfamilien aufgewachsen. Susannes Vater war Geiger, Stefans Vater Textildrucker und Maler. Beide waren befreundet. Die Kinder wurden liebevoll aufgezogen und erreichten ungehindert das Abitur. Sie hatten freie Berufswahl. Susanne studierte deutsche und englische Literatur in München, Edmonton (Kanada) und London. Stefan studierte Malerei an der Akademie der Bildenden Künste in München und anschließend Film an der London Film School. Obwohl sie sich natürlich aus Gauting kannten, lernten sie sich erst in London so richtig kennen. Das war im Jahr 1968!

Als theaterbegeisterte Anglistikstudentin am „London University College" (1964-1966) besuchte Susanne an den Wochenenden Londons große und kleine Bühnen, darunter auch „The Little Angel Theatre", damals das einzige Puppentheater Londons, gegründet 1961 von John Wright. Susanne entdeckte es 1964. Menschlich und künstlerisch fühlte sie sich geborgen und machte nach ihrem Universitätsabschluss dort ihre praktische Berufsausbildung als Puppenspielerin.

Bei einer Begegnung in Gauting 1968 ließ sich Stefan überreden, mit nach London zu kommen und in der Theaterwerkstatt bei der Herstellung lebensgroßer Figuren für eine Inszenierung von „The Soldier's Tale" (Igor Strawinsky) in der „Elizabeth Hall" mitzuwirken. Er wurde bald zum unentbehrlichen Mitglied des handwerklichen und technischen Teams und blieb in London. Susanne und Stefan zogen in eine gemeinsame Wohnung im Stadtteil Stoke Newington. Neben der Arbeit am Theater begannen sie, eigene puppenspielerische Projekte zu planen. Ungeplant, aber hochwillkommen kam 1973 Sohn Jakob zur Welt.

Sie bewarben sich beim Verwaltungs-Kuratorium des Theaters um einen Herstellungs- und Inszenierungsauftrag für eine eigene Produktion. Dieser wurde gewährt, und 1974 hatte „Inook and the Sun" Premiere.

1975 gründeten sie ihr eigenes Figurentheater zusammen mit G e o r g e S p e a i g h t, der der Truppe den Namen „London Puppet Players" gab, später „London-Munich Puppet Players" und schließlich nur noch schlicht „Puppet Players".

1976 erlebte das erste Abendprogramm unter der Puppet-Players-Flagge Premiere: „Shakespeare & Co.". Zugleich lösten sie sich vom Little Angel Theatre und von John Wright, verließen ihre Londoner Wohnung und zogen zurück nach Deutschland. Bis 1988 folgten regelmäßige Tourneen in englischer Sprache mit George Speaight. Auf „The Clown's Story" und „Shakespeare & Co" folgten „The Trojan Donkey", „Babar the Elephant" und „Mozart & Harlequin". Sie bereisten West- und Ostdeutschland, Polen, England, Portugal und Israel.

Aus dem Storyboard für „Sisyphos", 2002

1979 wurde Tochter Anna geboren. Im gleichen Jahr kam die erste deutschsprachige Inszenierung heraus, „Unter ❋ Ober ❋ König ❋ Sau" mit dem Schauspieler Peter Rieckmann, und hatte im Münchner Stadtmuseum Premiere. 1980 wurden sie in ihrer Heimatgemeinde Gauting mit dem zum ersten Mal vergebenen Günther-Klinge-Kulturpreis ausgezeichnet. Zu dieser Zeit begann auch die Zusammenarbeit mit Heinrich Klug und den „Münchner Philharmonikern". Zwischen 1981 und 2005 entstanden neun gemeinsame Musiktheater-Inszenierungen, so zum Beispiel ab 1986 eine Serie von großformatigen Schattenspielen, beginnend mit der „Geschichte vom Soldaten". Es folgten „Der Josa mit der Zauberfiedel", „Die Chinesische Nachtigall" und „Die Bremer Stadtmusikanten".

1989 begann eine fünfjährige Zusammenarbeit mit dem Begründer der „Münchener Biennale" Hans Werner Henze. Sie übernahmen die Leitung der Marionettenschule der Biennale, und unter ihrer Spielleitung entstanden 13 Musikinszenierungen für Figurentheater ohne Worte. 1992 bekamen sie den BMW-Musiktheaterpreis für ihren eigenen Beitrag „Lysistrata" mit Klangfiguren nach Aristophanes. Nach dem Ende des Figurentheaterprojekts der Biennale setzten sie die Arbeit mit experimentellem Musiktheater unter eigener Flagge fort mit dem Doppelprogramm „Die Nase" und „Der Finsternishandel" (1999).

Zwischen 1988 und 2000 intensivierten sie ihre internationale Tournee-Tätigkeit: Gastspiele unter anderem in Edinburgh, Rom, Dubrovnik und Tourneen nach Italien, Frankreich, Spanien, Portugal, Israel, Japan, Brasilien und China.

Neben ihren eigenen Inszenierungen, begannen sie ab 1993 auch an Produktionen großer Bühnen mitzuwirken, so bei Shakespeares „Der Sturm" an den Münchner Kammerspielen, Gounods „Faust" an der Bayerischen Staatsoper, Puccinis „Tourandot" bei den Salzburger Festspielen und für die Royal Shakespeare Company bei „Venus and Adonis".

Ab 1995 folgten mehrere Dramatisierungen literarischer Vorlagen, wie Hugh Loftings „Doktor Dolittle" (1995), Tschingis Aitmatows „Der Weiße Dampfer" (1996) und Pearl S. Bucks „Der Drachenfisch" (1998), für den sie den 1. Preis der Kinderjury beim Festival in Wiesbaden erhielten. Weitere Kinderstücke entstanden: 2000 das Weihnachtsspiel „Die Geburt", 2001 „Von Bären, Elefanten und anderen Musikanten" und 2005 „Mozart auf Reisen" – die letzteren beiden mit den Musikern Heinrich Klug und Maria Reiter.

2002 entstand als Sprech-Schattentheater Heinrich von Kleists „Michael Kohlhaas". Ein Jahr später folgte das Tanz-Schattentheater „Sisyphos", das mit dem Publikumspreis des Gautinger Theaterforums ausgezeichnet wurde.

Susanne und Stefan entschlossen sich 2004 nach 35 Jahren wilder Ehe zu heiraten. Ihre Kinder Jakob und Anna waren die Trauzeugen.

Nach einer ersten Begegnung mit M i c h a e l E n d e und W i l f r i e d H i l l e r (Komponist) 1984 entstand „Trödelmarkt der Träume", es folgten vom gleichen Autorenteam drei Auftragsinszenierungen unter Susannes Regie für das Stadttheater Brandenburg mit den Brandenburger Symphonikern unter ihrem Dirigenten M i c h a e l H e l m r a t h, nämlich „Tranquilla Trampeltreu" (2003), „Norbert Nackendick" (2006) und „Das Traumfresserchen" (2009).

Auf Anregung der Gambistin Friederike Heumann entstand 2007 das Handpuppenspiel „Der Blaue Kurfürst" begleitet von Barockmusik auf Originalinstrumenten.

Dieses Buch soll die Geschichte des Ensemble-Theaters der Puppet Players erzählen. Für Susanne und Stefan lag und liegt der Reiz und die Erfüllung des Theaterspielens in der gebündelten Energie begeisterter Menschen. Musiktheater und Literatur einerseits und innovative, handwerklich ausgereifte Gestaltung andererseits sind Schwerpunkte ihrer Arbeit. Sie hatten keine feste Spielstätte, waren immer „Fahrendes Volk", Nomaden. Sie möchten hier von den vielen gemeinsamen Reise-Abenteuern berichten und vor allem von dem gemeinsamen Ringen um sinnvolle künstlerische Aussagen. Ein tiefer Dank gilt ihren wunderbaren Lehrern, Vorbildern, Mitstreitern und all denen, die einen Beitrag zu diesem Buch geliefert haben. Bedankt seien aber auch die vielen Puppen. Stefan hat die meisten entworfen, geschnitzt und gefertigt. Ab dann aber gehörten sie den Spielern.

AN UNSERE PUPPEN
Ihr habt unsere Phantasie entzündet.
Ihr habt unsere Muskeln aufgebaut.
Ihr habt unsere Bewegungen geleitet.
Ihr habt uns euer Gehabe diktiert.
Ihr habt uns an unsere Stichworte erinnert.
Ihr habt euch mit uns vertraut gemacht.
Ihr habt euch in unsere Hände geschmiegt.
Und ihr habt euch sogar bisweilen in unsere Herzen geschlichen!
Wie öde wäre unser Leben ohne euch gewesen!

Erstes Kapitel

DIE LONDONER LEHRJAHRE

John Wright und das „Little Angel Theatre"

In London wehte in den 60er und den frühen 70er Jahren eine leichte, heitere Luft. In diesem Schmelztiegel der unterschiedlichsten Kulturen war die Freude an der Vielfalt stärker als die Angst vor Fremdartigem. Bereitwilligkeit zum Konsensus herrschte vor. Wir fühlten uns wohl. Wir waren bedürfnislos und konnten im damals billigen London unser Auskommen finden. Mary Hopkin's „Those were the days, my friend, thought they would never end ..." – top of the pops, klang uns monatelang aus den Jukeboxes der Pubs entgegen.

Fokus der Faszination war und blieb Londons „Little Angel Marionette Theatre" („The Home of British Puppetry") mit seinem Gründer und Direktor J o h n W r i g h t und dessen Frau L y n d i e. John hatte die Ausstrahlung eines Weltenbummlers, Abenteurers, unverwüstlichen Draufgängers und dabei die eines feinsinnigen Kunstverständigen. Die Frauen liebten ihn und er sie. Als Susanne ihn kennenlernte war er 60 Jahre alt und heiratete gerade seine 30-jährige Lyndie. Susanne war zur Hochzeitsfeier in sein winziges „Cottage", ein an das Theater angegliedertes altes Häuschen, geladen zusammen mit ca. 25 Gästen, eine bunt-gewürfelte Schar, angefangen mit Johnny the Parkkeeper, über junge Marionettenadepten bis hinauf zu intellektuellen Theatermachern, Dichtern und Malern. An diesem Tage hatten John und Lyndie drei Vorstellungen gegeben, und sie erschienen mit ihrer einjährigen Tochter Sarah dampfend aus dem Bad. John begrüßte die eng gedrängt stehenden Hochzeitsgäste, bewirtete sie, bis die Teller ausgingen und er sein Curry in Tassen anbot. Das winzige alte „Cottage" aus dem 18. Jahrhundert wankte in seinen Grundfesten, denn es hatte noch nie ein solch zahlreiches, angeregtes und geselliges Treiben beherbergt.

Das Cottage der Familie Wright, 13, Dagmar Passage, Islington

John hatte sich drei Jahre zuvor mit Geschick, Diplomatie, künstlerischem Können, Zähigkeit und Glück seinen Lebenstraum erfüllt: ein eigenes Puppentheater in London, das lange auch das Einzige bleiben sollte. Er baute eine zerbombte Kapelle in ein Theater um. Wo bisher strikte Enthaltsamkeit gepredigt worden war, zog fortan Lebenslust ein. Sein Standort ist im Londoner Stadtteil Islington nahe der U-Bahn Station „Angel". So nannte er sein Theater „The Little Angel Theatre". Anfänglich spielte er nur mit Fadenmarionetten, aber dank Lyndies kreativem und innovativem Impuls hielten bald auch Hand-,

Entwurf für eine Handpuppe in „The Clown's Story", 1972

Stab- und Schattenfiguren Einzug. Als das Theater 1968 den Auftrag bekam, für das Festival „South Bank Summer Music" „The Soldier's Tale" von Igor Strawinsky zu inszenieren und aufzuführen, da kamen zum erstenmal lebensgroße Figuren im Stil des Schwarzen Theaters zum Einsatz. John und Lyndie hatten diese Technik in Prag kennengelernt. Sie in London umzusetzen, war für die beiden eine fast erdrückend große Aufgabe. Als höchst willkommene Hilfe stieß zu dieser Zeit Stefan zur Truppe. Bald wurde er unentbehrlich in der Werkstatt und lernte die Fähigkeiten, die er noch nicht beherrschte von John. John, dessen hohes handwerkliches Können und dessen künstlerische Integrität und Qualität uns bis heute Maßstab geblieben sind, schuf mit seinen Marionetten herausragende Skulpturen. Er stellte höchste Ansprüche an Beleuchtung, Führungstechnik und Bühnenbild. Außerdem war er ein hinreißender Spieler seiner Figuren. Stefan wurde vor allem mit technischen und handwerklichen Aufgaben betraut. Die Teufelskutsche in dieser Inszenierung, die in wildem Flug durchs Firmament rattert, wurde sein „Gesellenstück". Daniel Barenboim, der als damals junger Dirigent das „English Chamber Orchestra" leitete und seine Frau, die Cellistin Jaqueline du Pré, machten uns Spielern immer wieder Mut, da wir uns in der ungewohnt riesigen Umgebung der „Queen Elizabeth Hall" verunsichert fühlten. Es wurden herrliche Aufführungen. Susannes schönste Rolle war die der Prinzessin, die sie zusammen mit Nigel Plaskitt führte. Selbst Susannes Mutter, die sich nicht sicher war, ob ihre Tochter nach ihrem abgeschlossenen Studium am University College London nicht doch lieber einen akademischen Beruf hätte ergreifen sollen, war nach dieser Aufführung von der hohen künstlerischen Qualität dieser „Berufsausbildung" überzeugt. Wir waren in eine auf- und anregende Pionierzeit des Theaters geraten und haben viele Facetten unseres Mediums kennenlernen dürfen. Und nicht nur das: Wir entdeckten Peter Brook und seinen legendären „Midsummer Night's Dream". Wir sahen ihn siebenmal, in Stratford-upon-Avon, in London im Roundhouse, einem viktorianischen Lokomotivschuppen in Chalk Farm, und schließlich im Aldwych Theatre im Westend. Von da an wussten wir, wie lebenswichtig und herrlich es ist, Theater zu machen. Susanne wagte es sogar, Peter Brook einen Brief zu schreiben mit der Bitte, ein Puppenstück für uns zu inszenieren. Er schrieb herzlich, aber bedauernd zurück, er müsse sich um seine Arbeit kümmern, und die ließe ihm leider keine Zeit für uns.

Bei John lernten wir den Theaterbetrieb kennen, und neben dem Künstlerischen auch das Praktische, so die Notwendigkeit, Ordnung zu halten und pünktlich zu sein. Zum Theaterbetrieb gehörte die alljährliche Schottland-Tournee im Herbst. Auf einer Fahrt zu den Äußeren Hebriden überraschte uns der Schnee, und unser alter Diesel-Transporter blieb stecken. Da war John in seinem Element. Unter einer Schneewehe installierte er seinen „Primus Stove", einen Benzin betriebenen Kocher, und braute Irish Coffee – der Scotch war selbstverständlich an Bord. Solcherart gestärkt machten wir das Fahrzeug wieder flott, und das bestandene Abenteuer sorgte für übermütige Stimmung in der Truppe. Trotz der theaterüblichen Reibereien und gelegentlichen Intrigen, überwog die Freude am Ensemblespiel – diese Energiequelle, die sich aus dem Zusammenwirken Einzelner speist, gehört bis heute zum Kern unserer Arbeit.

John bediente sich der technischen Möglichkeiten des Tonbandes, nahm beste Schauspielerstimmen und Musikstücke auf, und wir spielten seine Stücke zum fertigen Soundtrack. Bei einem ständig wechselnden Repertoire und bei den häufigen Gastspielreisen war dies sicherlich eine wirtschaftliche und die künstlerisch-interpretatorische Qualität garantierende Lösung. Sie hatte jedoch den großen Fehler, dass kein spontaner und persönlicher Kontakt zum Publikum aufgebaut werden konnte. Außerdem ließ das Tonband uns Spieler verstummen. Diese beiden Mängel haben uns später bei unseren eigenen Stücken bewogen, vornehmlich „live" zu spielen, und zwar sowohl, was die Musik betrifft als auch den Text, gesprochen von einem Sprecher oder Schauspieler, der als Mittler zwischen Publikum und Puppenbühne agiert.

Aber das Theaterleben bestand nicht nur aus Highlights. John hatte junge, idealistische Leute um sich geschart und erzog sie in seinem Sinn. Als Bezahlung gab es am Anfang kein Fixum, sie richtete sich nach den Einnahmen. Lange trug uns junge Ensemblemitglieder (ca. acht an der Zahl) Enthusiasmus und Pioniergeist.

Wir übernahmen geduldig nebenher all die Theaterpflichten wie Tee-Kochen, Saubermachen, Buchungen entgegennehmen, Kassendienst und Kartenverkauf. Wir nahmen den Besuchern die Mäntel ab und geleiteten sie an ihre Plätze. Mittwochabends stellten wir die Mülltonnen vor das Theatertor. Am Tag vor dem 5. November, dem „Guy Fawkes Day", an dem traditionell Feuerwerk abgebrannt wurde, musste das Theaterdach vom Platanenlaub befreit werden, denn John fürchtete, dass die trockenen Blätter Feuer fangen könnten. Als wöchentliche Belohnung gab es jeden Samstagabend „John's Curry" mit Lammfleisch, Rosinen, Bananen und Ananasstückchen im „cottage". Wir brachten den erschwinglichsten Rotwein und blieben alle, bis wir zum letzten Bus in die Essex Road sausen mussten. John war ein leidenschaftlicher Gastgeber und ein grandioser Erzähler. Mit offenen Mündern lauschten wir, wenn er von Erlebnissen aus seiner Heimat Südafrika berichtete.

Susanne Forster und John Wright, 1970

Bald kribbelte es uns jungen Leuten in den Fingern, eigene Stücke zu konzipieren und zu inszenieren. Aber davon hielt John nicht viel: „You must know how to walk before you can hop!", pflegte er uns entgegen zu halten. Um seine nach eigener Kreativität hungernde Schar zufrieden zu halten, erlaubte er uns, kleine Sketche zu inszenieren. Als er sie sich aber anschaute, hatte er wenig Gutes darüber zu sagen. Stefan und Susanne, zusammen mit Christopher Shirley-Smith brachten 1971 eine 15-minütige Version von Lorcas „Die Tragikomödie von Don Christobal und Doña Rosita" heraus. Ermunterung oder gar Anerkennung gab es von John nicht. Als wir ein Jahr später dem Theater-Kuratorium vorschlugen, ein Eskimomärchen von unserem kanadischen Dichterfreund H e n r y B e i s s e l, „Inook and the Sun", für das Theater herzustellen und zu inszenieren, bekamen wir grünes Licht und ein Produktionsbudget. Inspiriert von einer großen Ausstellung über Eskimo-Skulpturen in der „Royal Academy", entstanden unter Stefans Leitung sehr eindrucksvolle, große Stangenmarionetten, die allenthalben Bewunderung fanden. Nicht so bei John. Er kritisierte mehr, als dass er uns aufgebaut oder geholfen hätte. Wir mussten einsehen, dass wir unter diesen Umständen auf Dauer keine Entfaltungsmöglichkeiten hatten. Und doch liebten wir ihn – und er uns. Er kam nach der Geburt unseres Sohns Jakob als erster mit einer Flasche Rotwein ins Krankenhaus, um uns zu beglückwünschen. Er hielt später die Proben am Theater so ab, dass Susanne Jakob stillen konnte, wenn er schrie, und der Rest der Kompanie hatte währenddessen Morgenteepause bis der Säugling satt war.

Es ist uns gelungen, ohne Zerwürfnis vom „Little Angel Theatre" Abschied zu nehmen und im April 1976 zusammen mit George Speaight eine eigene Theatergruppe zu gründen, die „London Puppet Players". Unser Entschluss, nach den elf Londoner Jahren nach Deutschland zurückzukehren, wurde uns von den Verhältnissen in unserer Wohngegend Stoke Newington leicht gemacht. In unserem Haus wohnte im ersten Stock eine afrikanische Familie aus Sansibar, im Erdgeschoss auf der einen Seite eine alte Griechin mit zwei Töchtern und einer empfindlich lauten Industrie-Nähmaschine, und auf der anderen Seite eine irische Familie mit zwei Kleinkindern und einer roten Lampe im Fenster, die immer angeknipst wurde, wenn der Vater in den Pub ging, was häufig der Fall war. Unten im Basement lebten wir und versorgten und benutzten den baumumstandenen Garten. Der Wille zum miteinander Auskommen war jahrelang vorhanden. Wir grüßten uns und feierten gelegentlich auch miteinander. Doch dann wurde eines Morgens unser Eingangsfensterchen mit einer Milchflasche zerschlagen. Tage später war unser Fenster zum Garten aufgebrochen und unser Plattenspieler fehlte. Als wir eines Nachts mit unserem Sohn nach Hause kamen, fanden wir 12 schwarze Jugendliche in unserem Garten. Auf die Frage, was denn los sei, antwortete David, der uns bekannte Rädelsführer, „here is no place for you anymore". Als ich tags darauf unseren Sohn bei unserer afrikanischen Freundin und Hausgenossin Misa lassen wollte – sie hatte einen Sohn Abdul im gleichen Alter, und wir passten abwechselnd auf die zwei auf – da kam sie tränenüberströmt zu uns herunter, sagte, sie könne die Verantwortung für unser Kind nicht mehr übernehmen. Die Jugendlichen setzten sie ständig unter Druck: Wir seien Weiße und stünden für „Law and Order" und seien damit ihre Feinde.

Freunde aus Deutschland kamen mit drei Volkswagenbussen, räumten unsere Wohnung aus, während wir die Premiere unseres ersten Puppet-Players-Abendprogramms „Shakespeare & Co" am „Little Angel Theatre" gaben. Am nächsten Morgen fuhren wir mit Bühne, Kind und Wellensittich los in Richtung Dover. Beim Abschied schenkte uns John als Startkapital für die Zukunft die Inook-Figuren. Eilig wurden sie den schon vollen Kombis aufgeladen, und die Karawane setzte sich in Bewegung in Richtung der alten Heimat Gauting. Ein lang nicht mehr empfundenes Gefühl der Sicherheit gab uns Ruhe. Es empfing uns ein offenes Haus, ein verwilderter Garten und liebende Großeltern. Ein Freund, Wolfgang Buttmann, hatte fünfzig Vorstellungen unserer englischen Stücke an bayerischen Volkshochschulen arrangiert. Und so waren die Londoner Lehrjahre beendet und das selbständige Berufsleben begann.

Eingeladenerweise kamen wir öfter zu Gastspielserien an unser Stammtheater zurück. Oft schauten wir uns dort neue Inszenierungen an, wie auch 2009, als wir für zwei Tage nach London flogen, um Lyndies fulminante Inszenierung von Igor Strawinskys „Petruschka" mitzuerleben.

Ende der 80er Jahre erlitt John zwei schlimme Schlaganfälle. Der stolze, massive Fels sackte bröckelnd in sich zusammen. John landete im Rollstuhl. Susanne löste Lyndie für zehn Tage zusammen mit Tochter Sarah bei seiner Pflege ab. Zur Beerdigung im Theater tanzten wir um seinen Sarg zu Johns Lieblingsmelodie „I'll dance an I'll sing" von Harry Belafonte. Wir hielten uns an den Händen, sangen, lachten und wussten nicht, ob wir Tränen der Trauer um John oder Tränen über das Glück der Zusammengehörigkeit vergossen.

Fast alle, die damals bei John gearbeitet hatten, sind beim Puppenspiel geblieben und haben eigene Kompanien gegründet. Das „Little Angel Theatre" besuchen bis heute Scharen von Kindern mit ihren Familien, und der Pflaumenbaum auf dem Vorhof trägt jeden Frühling viele rosa Blüten.

Lyndie Wright schreibt aus London im Mai 2010:
A letter from Lyndie
Ours has been a long association and friendship. Susanne, a young student arrived at our door over 40 years ago asking if she could join us in the workshop doing practical things to off-set her academic studies while in London. The Little Angel was then a struggling new theatre and no offer of help was ever turned

down. Susanne soon proved herself a very useful person and on leaving the university we welcomed her into our permanent company. A few years later we were involved in a very big project with the Queen Elizabeth Hall and the musician Daniel Barenboim. The time was short but an opportunity like this didn't often come our way so with only two and a half months to the opening we set about making the puppets. Susanne returned to Germany for a short break before beginning and brought back a painter – Stefan who proved to be an incredible help in the making of the puppets. Stefan stayed on as a valuable member of the company. Over the next few years we created many shows together. It was a sad day for us when Susanne and Stefan decided to return to Gauting and their families. We watched with interest as they built up the London/Munich Puppet Players shows, seeing their own unique style evolve of beautiful carved figures and well constructed scripts, retaining something of the Little Angel and John Wright influence.
Over the last few years I have been invited to join them on the making of four of their more recent productions and it has been a pleasure to see how easily we slip back into working together again and to share the things we have learnt along the way.

Susanne Lynen und Peter Schwenk, Jugendfreunde, schreiben im Mai 2010:
1969, kurz nach unserer Hochzeit und am Tag der Mondlandung, fuhren wir zu unseren Freunden Stefan und Susanne (Forster) nach London. Ich war im 5. Monat schwanger. Dort liebevoller Empfang am Ende einer kleinen Sackstraße, Stamford Grove West in Stoke Newington. Damals eine etwas heruntergekommene Gegend mit Charme. Parterrewohnung mit kleinem Gärtchen, dessen winzige Rasenfläche Susanne mit einer Nagelschere „mähte". In der Mitte ein kleiner dunkelbrauner, runder, geschichtsträchtiger Eichentisch mit teilweise tiefen Spalten und Ritzen, aber sonst einer glatten, an den Astlöchern fast glänzenden, intensiv benutzten Oberfläche. Drumherum die unterschiedlichsten Stühle und Sitzgelegenheiten. Das Frühstück mit englischer gesalzener Butter und auf einem schwarzen Holzteller „salmon-scraps" von unter dem Ladentisch des benachbarten jüdischen Fischhändlers. – An einem Abend fand ein großes Fest statt zu unseren Ehren. Im alten Birnbaum leuchtete ein von Stefan gebauter, überdimensionaler, fahllichtiger gelber Honeymoon.
Von Susanne F. wurde mir ein Umstandskleid – dunkelblau mit leuchtorangenem breiten Gürtel unterm Busen – geschneidert, und als am 25. November unsere Tochter Sarah zur Welt kam, telephonierten unsere Londoner Freunde und boten ihre Patenschaft an. Das viel zu lange, weiße Taufkleidchen mit Spitzen und Borten stammte aus London vom Flohmarkt.

1973 überraschten wir Stefan und Susanne in der Theaterwerkstatt beim „Little Angel Theatre". Stefan schnitzte gerade einen Eisbären und nahm die Maße von einer Zeichnung ab, Susanne F. modellierte eine große Meeresgöttin mit einem langen Zopf und einem dicken, runden Bauch, der fast so voluminös war wie der der Herstellerin: Diesmal war Susanne F. schwanger. Jakob, der am 3. November 1973 zur Welt kam, trug bei seiner Taufe wieder das viel zu lange Spitzenkleidchen vom Flohmarkt aus London.

Henry Beissel, Autor von „Inook and the Sun", schreibt aus Ottawa, Kanada, im März 2010:

I became interested in Japanese puppetry and, after experiencing a performance of Bunraku theatre in Berlin, determined to write a play that reached beyond the usual kids' stuff with which puppet theatre is usually associated in Western culture. The sophistication of the Bunraku production as well as its adult themes stunned me, and I wanted to write a play at that level for an audience that would encompass all ages. The result was "Inook and the Sun", a play for marionettes, masks and actors that had its premiere in Stratford (Ontario) in 1973 and has seen productions around the world since then. In London at the "Little Angel Theatre" Susanne and Stefan put the play on in 1974 and later in Munich and on tour in Germany.

What impressed me most about their production were the superb puppets. The play tells the story of a young Inuit boy who goes hunting with his father in the dead of winter, they encounter a polar bear who kills his father; Inook now goes in search of the sun, and after some underwater adventures ends up in the Ice Palace where he discovers his dead father and learns about the eternal cycle of the seasons and of life and death. Susanne and Stefan presented the play with puppets only, a production that transported the audience visually to the Arctic. The puppets were imaginatively carved to conjure the humans and the Spirits that inhabit the polar world; the sense of the vastness of the land and the coldness of winter were wonderfully reinforced by an empty stage and an exciting lighting design as the play moves from darkness to light. It was one of my favourite productions of the play, and audiences young and old were thrilled by it. – It is a source of great delight for me to have played a small part in the success story of the "Puppet Players".

Henry Beissel, Autor von
„Inook and the Sun"

Arlette Francière, Übersetzerin von „Inook and the Sun" ins Französische, schreibt aus Ottawa, Kanada, im März 2010:

Regrettably, I have seen only a few shows of the group, since I am rarely in Germany. My first encounter with the London Puppet Players was in the eponymous city for the production of "Inook and the Sun" by Henry Beissel. I have seen many productions of the play both in English and in my French translation, and their premiere of the play stands among the most memorable. In Ottawa, I saw a fine production with handpuppets in a material that gave the illusion of soapstone sculptures. Stefan used wood to carve large puppets for most of the characters in the play. This was a bold and personal choice that gave gravitas to the aesthetically pleasing production, and as a counterpoint Sumna was an unforgettable luminous and transparent puppet. The Puppet Players always pay close attention to the total production, to the artistry at all levels in the tradition of the Gesamtkunstwerk.

Little Angel Theatre

Von oben nach unten, von links nach rechts:
Werkstattfenster mit Lyndie Wright neben dem Theater
John Wright in den 70er Jahren (Foto: Jeannie Howl)
Stefan am Beleuchterstellwerk, 1969
Susanne bei der Probe, 1971
Unser Garten in Stoke Newington (Foto: Peter Schwenk)

Oben links:
Team von „Inook and the Sun"
von links: Juliet Middleton, Liz Strong, James Barton, Mary Edwards, George Speaight, Stephanie Green, darunter Susanne mit Jakob und Stefan, 1974

Alle anderen Fotos:
Stangenmarionetten aus „Inook and the Sun"

Linke Seite:
Eisbär aus „Inook and the Sun"

Rechte Seite:
Geist des ewigen Eises und Sumna, die Meeresgöttin, aus „Inook and the Sun"

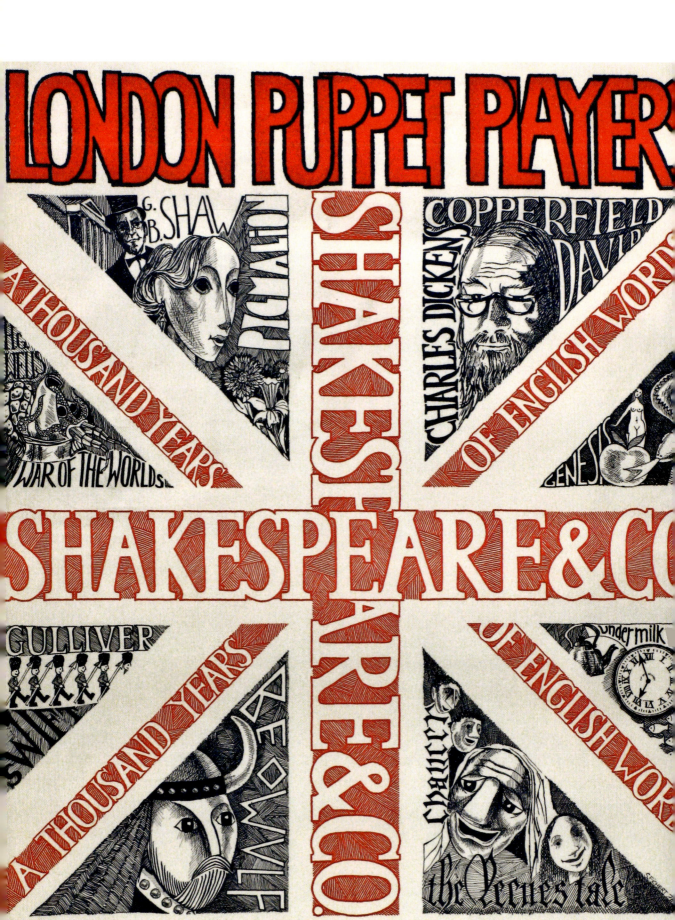

Zweites Kapitel

GEORGE SPEAIGHT – MITBEGRÜNDER DER PUPPET PLAYERS

„The Clown's Story", „Shakespeare & Co" und „The Trojan Donkey"

George Speaight ist ein Name, der international bei Theaterwissenschaftlern und Puppenspielern ein Begriff ist und bleiben wird, denn er hat mehrere hervorragend recherchierte Bücher über populäre Theatertraditionen verfasst, vornehmlich über die englischen. Es fing an mit dem Buch über die Geschichte des herzerfrischend anarchischen Mr. Punch und seiner Judy. Nie würde der sich wie der deutsche Kasperl dazu hergegeben haben, den Kindern Verkehrsregeln oder das Zähneputzen näher zu bringen! Dann beschäftigte sich Speaight mit der „pantomime", so wird eine Märchenerzählung ohne Worte mit Glitzer, Musik und Tanz benannt, die besonders gerne in der Weihnachtszeit für Kinder in England aufgeführt wird. George liebte den Zirkus. Er hat sich selbst ein Clowns-Kostüm anfertigen lassen, hat sich eine Clowns-Nummer ausgedacht, geprobt und dann in einem Wanderzirkus vorgeführt. Auch wenn dieser Auftritt ihn nicht in die Clowns-Laufbahn aufsteigen ließ, so hat er doch die Luft der Manege mit eigener Nase geschnuppert und brachte später einen großen Bildband mit Texten über den Zirkus heraus. Er war leitender Lektor im Verlagshaus Rainbird's in London. Durch ihn haben wir noch eine weitere, typisch britische Unterhaltungsform kennengelernt: die sogenannte „Music-Hall". Da sitzt man an Tischen, isst und trinkt, und auf der Bühne werden populäre Lieder gesungen, die meist jeder kennt und vorbehaltlos bei den Refrains mitsingt. Artisten und Akrobaten beleben das Programm. Es ist ein Abend für das ganze Spektrum der englischen Gesellschaft, „an evening out with song, fun and sentiment".

Sein lebenslang ihm treu gebliebenes Steckenpferd war das „Toy Theatre", das Papiertheater, ein aus Ausschneidebögen hergestelltes Modelltheater, das sich besonders im 19. Jahrhundert großer Beliebtheit erfreute, und auf dem erfolgreiche Theateraufführungen der großen Bühnen in bürgerlichen Wohnzimmern nachgestellt wurden. Er gab bereits als junger Mann im „Bumpus Bookshop" nahe Oxford Street öffentliche Vorstellungen, zufällig auch vor dem kleinen Jungen Peter Brook, der diese Aufführung von „The Miller and his Men" als sein größtes und ein richtungsweisendes Theatererlebnis seiner Kindheit in seiner Autobiographie „Threads of Time" erwähnt. George schreibt in einem Brief vom

George Speaight

Plakat für „Shakespeare & Co", 1976

30. Oktober 1999: „Yes, I have a copy of Peter Brook's "Threads of Time" which he signed for me when I confessed to have been the performer of the toy theatre performance he saw. In fact he was quite overcome by this discovery." Noch bis in sein 85. Lebensjahr trat George mit seinem „Toy Theatre" auf. Glyn Edwards, ein hervorragender Punch-and-Judy Spieler und einer seiner glühendsten Bewunderer schreibt in seinem Nachruf: „I've always been in awe of his unparalleled combination of scholarship and showmanship."

Ja, das war George Speaight. Er wirkte eher scheu und drängte sich nie nach vorne. Doch wenn er etwas sagte, dann hörten alle hin, denn alles was er sagte, hatte Hand and Fuß, war auf umfassende Bildung und Wissen gegründet und in druckreifer Rede dargelegt. Er war der 1. Vorsitzende vom Kuratorium des Little Angel Theatre – ein höchst engagierter Begleiter des Theaters und eine feste Größe für uns Spieler.

George gab nicht nur in allen europäischen Ländern auf Festivals seine Papiertheatervorführungen, er besaß auch wunderschöne, alte viktorianische Marionetten, die er gerne mit Sketchen oder, wie erwähnt, „Music Hall Songs" auftreten ließ. Dazu brauchte er aber einen Helfer. Er wandte sich an das Theater, und Susanne wurde mit dieser Aufgabe betraut. Jeder Marionettenspieler entwirft sein eigenes Spielkreuz. Diese Führungsmöglichkeit bestand bei den alten Figuren nur aus zwei, maximal drei parallelen Holzstäbchen, und doch konnten sie die erstaunlichsten Tricks vollführen. Susanne lernte dieses für sie ungewohnte System und begleitete George gelegentlich zu Spielorten. Das muss so Anfang der 70er Jahre gewesen sein.

Wir konnten ihn für unsere Inszenierung von „Inook and the Sun" (1974) als einen der acht Mitspieler gewinnen. Dies war der zündende Funke für die Gründung einer eigenen Theatergruppe mit George, der uns den Namen „London Puppet Players" gab. Das war Ende 1975. George dachte sich das Kinderprogramm „The Clown's Story" aus, das wir als erstes eigenes Stück unabhängig vom Theater aufführen konnten. Stefan zimmerte eine kleine, transportable Bühne im Stil der Punch-Buden, schnitzte die acht volkstümlichen Handpuppen und sorgte für das Licht. Bald hatten wir gemerkt, wer für was in unserem Dreierteam zuständig war: Stefan für das Design, den optischen Eindruck und die Herstellung, Susanne für die Kostüme und für das Puppenspiel, George für das Schauspiel und das Sprechen vor der Bühne. Er hatte das, was uns beiden fehlte: eine überzeugende Bühnenpräsenz und eine theatererprobte Stimme.

Auf Grund von Susannes Literaturstudium am University College entschlossen wir uns, ein Programm über die Entwicklung der englischen Literatur vorzubereiten – dramatisierte Ausschnitte aus bekannten Werken. Wir nannten es „Shakespeare & Co", und es wurde ein großer Erfolg, der uns zunächst die

Bayerischen Volkshochschulen erschloss und weitere zwölf Jahre immer wieder von uns dreien gespielt wurde. „A Thousand Years of English Words" war der Untertitel, und so begann das Programm auch mit einem Ausschnitt aus dem alt-englischen Epos „Beowulf" als Schattenspiel. Es folgte eine Episode aus den mittelenglischen „Canterbury Tales" von Geoffrey Chaucer als deftiges Handpuppenspiel, eine Szene aus der ersten englischen Bibel-Übersetzung, der Sündenfall, und natürlich durfte Shakespeare nicht fehlen mit George als Zettel im „Sommernachtstraum". Und so ging es weiter bis ins 20. Jahrhundert und endete mit einer Szene aus „Under Milk Wood" von Dylan Thomas. Zu den emotional geladenen Worten entstand auf der Bühne aus häuslichen Gegenständen eine Idylle des Alltags.

Der Beginn unserer gemeinsamen Tourneetätigkeit im April 1976 sah George in einem weißen Leinenanzug und Panamahut auf dem Bahnsteig des Bahnhofs in Aschaffenburg. Wir holten ihn ab und liefen ihm voller Freude entgegen – es warteten ja fünfzig gemeinsame Vorstellungen auf uns. Doch anstatt seine kollegialen Arme zur Begrüßung zu öffnen, blieb er stehen und schaute bedrückt. „What's the matter?" fragten wir. „I'm ashamed of my country", antwortete er. Der „British Council" hatte die Zusage zurückgezogen, die Hälfte der Gagen für die 50 bevorstehenden VHS-Vorführungen zu übernehmen. George kam mit leeren Händen. Mit jugendlicher Unbekümmertheit wischten wir diese missliche Information zur Seite, nahmen George in unsere Mitte, gingen ins nächste Gasthaus und tranken jeder ein Viertel Frankenwein. So ließ sich auch die Enttäuschung des 60-jährigen George schnell vertreiben. Der einst graue Büromensch in seinem vorgezogenen Ruhestand blühte auf. Ihm gefiel das Wander- und Schauspielerdasein. Auf unseren vielen Reisen in die DDR, nach Polen, Israel, Portugal, Frankreich und natürlich England war er ein herrlicher Gesprächspartner. Er verfügte über ein enormes und akkurates, historisches und politisches Wissen und ein uns sehr sympathisches liberales Denken. Es gab keine Tabus, viel Gelächter und jeden Reisemittag ein Picknick. Um Stefan, den einzigen Besitzer eines Führerscheins bei Nachtfahrten wach zu halten, sang er ihm Schlager und Army-Songs vor und rezitierte Gedichte, und war sein Repertoire erschöpft, dann intonierte er die katholische Liturgie.

Georges Deutsch war possierlich, sein Französisch korrekt, aber ungelenk, sein Polnisch unverständlich und sein Hebräisch nicht existent. Doch in jedem Land erlernte George ein paar Worte der Begrüßung und hatte die Herzen der Zuschauer bereits gewonnen, noch bevor die Vorstellung begonnen hatte. Seinem Publikum gab George hundert Prozent seines Könnens, seines dramatischen Instinkts und seines ausgeprägten Gefühls für Timing. Er schonte sich nie. Er schleppte Kisten, baute die Bühne mit auf und erlaubte sich nach der Vorstellung erst dann eine Pause, wenn alles wieder im Bühnenauto verpackt war. Zu dritt suchten wir das letzte offene Wirtshaus, wo es noch etwas zu essen und zu trinken gab. Wo immer wir hin kamen, probierte er die regionale Küche. Von zuhause nahm er immer Bücher mit, die mit dem Land etwas zu tun hatten, in das wir gerade reisten.

Unvergleichlich war unsere Reise quer durch Südfrankreich, Nordspanien und am Atlantik entlang bis nach Lissabon. Nach drei Tagen Fahrt kamen wir endlich in die Nähe des Meeres. Verschwitzt wie wir waren, sehnten wir uns danach, aus dem engen Auto auszusteigen und am weiten Meer zu sitzen, um das übliche Picknick einzunehmen. Nach ungeduldigem Drängen lenkte Stefan den Wagen schließlich auf ein kleines Sträßchen in Richtung Ozean, den man nicht sehen konnte, weil hohe Deiche den Blick verdeckten. Susanne sprang aus dem Auto und erklomm den Deich, während George den Picknick-Korb und Stefan Weinflasche und Sitzplane heraufbrachte. Oben angekommen, verstummten wir vor dem Anblick, der sich uns darbot: Drei Paare gepflegter, kräftiger, erdfarbener Ochsen wurden zum Strand geführt, wo sie beidseits eines hölzernen, bunt bemalten Fischerbootes angekoppelt wurden. Es lag auf Rundhölzern im Trocknen, und sein hochgezogener Bug war auf den Horizont gerichtet. Bei einer mächtigen Brandungswelle wurden die Ochsen mit großem Hallo ins Wasser getrieben, und gleichzeitig sprangen acht Fischer an Bord. Die Ochsen zogen das Boot über die Brandungslinie, bis ihnen das Wasser bis zum Hals stand. Im letzten Moment wurden sie abgekoppelt, und das Boot schoss in die See. Im Bogen wurden die geduldigen Tiere wieder an Land geführt. Als nach geraumer Zeit die Boote mit den eingeholten Netzen zurück kamen, taten die Erdentiere wieder ihren Dienst und zogen Boot und Mannschaft aus dem Wasser an Land. Als wir am Abend schließlich bei unseren Gastgebern in Lissabon angekommen waren und von diesem Erlebnis erzählten, waren sie erstaunt und beinahe neidisch, dass wir Zeugen dieses sehr seltenen Schauspiels geworden waren.

Über die Jahre hat George in mehreren unserer Inszenierungen mitgewirkt. „The Trojan Donkey" war eine humorvoll verkürzte Version von „Ilias" und „Odyssee" in englischer Sprache für Schüler. In „Mozart & Harlequin" mit den alten viktorianischen Marionetten und mit einem Quartett von wunderbaren jungen Musikern unter Leitung von Heinrich Klug moderierte er und führte mit uns zusammen auf der Brücke die Figuren. 1988 spielten wir dieses Programm 24 mal in Kfar Saba in Israel. In England war er der Erzähler in unserer Inszenierung von „Babar the Elephant" zu Poulencs Musik, und in der englischen Version von „Doktor Dolittle und seine Tiere" am „Little Angel Theatre" spielte er den leib-

George Speaight als Doktor Dolittle 1995 vor dem Little Angel Theatre

haftigen Doktor. Nach einer dieser Vorstellungen krabbelten seine kleinen Enkel bewundernd auf des Großvaters Schoß. Überhaupt war George ein Kinderfreund und ertrug mit rührendem Gleichmut auch unsere Kinder, die ja oft im Bühnenauto mit uns fuhren. Er machte Blödsinn und kugelte mit ihnen im Sand, doch am Abend war er dann wieder der Bilderbuch-Gentleman im Nadelstreifenanzug, Melone, Regenschirm, voller Würde und Verve, wie es seine Rolle verlangte.

Zu unserem 25jährigen Bühnenjubiläum im Münchner Stadtmuseum trat George 2001 noch ein letztes Mal mit uns auf in Geoffrey Chaucers „The Reeve's Tale" aus „Shakespeare & Co" Lange blieb er kräftig und voller Energie. Morgens holte er sein Fahrrad aus seinem Gartenschuppen in Maze Road, Kew Gardens, und radelte los in die Umgebung, so wie er es all die Jahre gemacht hatte. Aber irgendwann kam die Zeit, wo er nicht mehr zurück nach Hause fand. Als wohlbekannter Bürger wurde er immer wieder von freundlichen Leuten oder der Polizei heimgebracht. Seine Frau Mary wollte ihn am Fortradeln hindern, doch er bestand darauf. Sie musste ihn gewähren lassen. Er stürzte und wurde ins Krankenhaus gebracht, wo er vorübergehend in einem Saal stöhnender und sterbender Männer untergebracht war. Er aber saß in einem Ohrensessel am Fenster, voll bekleidet im Tweed-Anzug, gelber Strickweste und Fliege und las in einem Buch. Als er uns gewahr wurde, stand er impulsiv auf mit einer großen Empfangsgeste, doch die dazugehörenden Worte kamen nur als einzelne Ausstöße von Lauten oder Satzfetzen von seinen Lippen. Beim Abschied setzte er sich zurück in den Sessel, nahm sein Buch wieder zur Hand, doch, wie wir bemerkten, hielt er das Buch verkehrt herum. Der wohlgeordnete Karteikasten seines immensen Wissensschatzes geriet zusehends in Unordnung. Worte begannen sich ihm zu widersetzen. Seine Mary starb im November 2005. Er, der große Rezitator von einst, wollte der Trauergemeinde ein Gedicht von Tennyson in der Kirche vortragen. Mit wehendem Bart begann er in alttestamentarischer Würde die ersten zwei Zeilen, doch dann blieb nur eine wiederholte Geste begleitet von den Worten „and you, and you, and you." Wieder bei sich zu Hause versorgte und betreute ihn sein Enkel Benedict und ertrug liebevoll Georges Verwechslung von Nacht und Tag. Fünf Wochen nach dem Tod seiner Frau starb er am 22. Dezember 2005 bei sich zu Hause. Eine große Trauergemeinde folgte seinem Sarg im Richmond Cemetery, dem Sarg, auf den sein jüngster Enkel sein Papiertheater gestellt hatte. Geht man heute an 6, Maze Road vorbei, dann sieht man nicht mehr in Georges grün tapezierte Library, wo er immer am Kamin saß und las, umringt von tausend kostbaren Büchern über populäre Theatertraditionen. Auch der Türklopfer holt ihn nicht mehr zurück. Eine Epoche ist vorbei.

Rosemarie Dinkel, Studiendirektorin am Elsa-Brandström-Gymnasium schreibt:

„Die London Puppet Players verwandelten an einem November-Vormittag die Bühne der Turnhalle in eine bunte Phantasiewelt, in der sich Marionetten und Menschen begegneten." So stand es im Jahresbericht 1976.

Aber so ganz anders als übliches Puppentheater war das, was sich in „The Clown's Story" (für die Unterstufe) und in „Shakespeare & Co or a thousand years of English words", (für die Oberstufe) wie selbstverständlich als Dialog zwischen Puppen und Menschen ereignete – ein optisch-akustischer Englischunterricht besonderer Art. Da waren einerseits die außergewöhnlich gestalteten Marionetten, die abwechslungsreichen Hintergründe der Guckkastenbühne und zum anderen der in vielfältigen Verkleidungen auftretende Erzähler – der so faszinierend wandelbare George Speaight – a real British gentleman auf der Bühne und im Leben.

Da waren zusammen mit ihm, ihrem Mentor, die Puppenführer Susanne Forster und Stefan Fichert, die ideenreichen Gestalter der Puppen und der Textcollagen. Dass aus dieser ersten Begegnung mit den „Puppet Players" eine nun seit Jahrzehnten dauernde Freundschaft und partielle Zusammenarbeit werden sollte, ahnte ich damals noch nicht.

Sohn Jakob schreibt im März 2010:

Mein erster Auftritt bei meinen Eltern – und mein erster Auftritt überhaupt – war als Clown, zweieinhalbjährig. Ich kann mich noch gut an den Schrecken erinnern, den ich vor dem großen Clown, dem verkleideten George Speaight hatte. Ich konnte ihn nämlich nicht erkennen. Meine Mutter sah nur eine Möglichkeit, mir den Schrecken auszutreiben, und zwar mich in die Show „Clown's Story" einzubinden - nach dem Motto „face your fears!". Zunächst war ich lediglich ein scheuer und skeptischer Statist, bekam dann aber bald größere Verantwortung zugewiesen: Nach intensivem Coaching durch meinen Vater durfte ich eine Szene mit der Blockflöte begleiten und außerdem durch gesprochenes Wort mein schauspielerisches Talent erproben – da war ich aber schon fünf.

(...) 1986 fuhren wir mit George Speaight ins kommunistische Polen, um dort den „Trojan Donkey" zu spielen. Ich hatte einen Gastauftritt als Pianist, und meine Aufgabe bestand darin, die durchaus eingängigen, jedoch eher schlichten Weisen von Michael Kessner zu begleiten, die ansonsten a capella gesungen wurden. Es war ein ganz besonderer Kindheitseindruck, die Teilung Europas direkt zu erleben: Westliche und östliche Künstler waren an verschiedenen Orten untergebracht, damit die letzteren nicht zu viel mit Freiheit und Demokratie in Kontakt kommen. Zum ersten Mal wurde mir wirklich bewusst, wie privilegiert wir Westler waren.

Dr. Sigrid Richter schreibt am 9. Februar 2010:
„Das erste Puppenspiel, an das ich mich erinnere, war David Copperfield, wurde im Rathaus Gauting 1976 gegeben, auf Englisch. Den Schlussausruf der Tante Betsey (gesprochen von George Speaight in Shakespeare & Co) „Mercy upon us, mercy upon us all!" habe ich noch immer in den Ohren. Von da an bin ich Euren Gautinger Premieren und auch den Münchener Aufführungen begierig und treu nachgelaufen. Und mit nicht nachlassender Freude."

Prof. Dr. Ulrich Dittmann schreibt im April 2010:
Verklärung macht das Gern-Erinnerte zu einem unzuverlässigen Zeugen. Anderes gilt, wenn Verklärtwerden zum ersten Eindruck gehört, wenn das Anhalten des Atems bei jedem Erinnern wiederkehrt: Bei mir, den mehrere Inszenierungen des „Kleinen Spiels" (einem Münchner Studententheater) mit allen möglichen Einfällen überrascht hatten, gehören zwei frühe Bilder der „Puppet Players" zu solchem, zuverlässig sich einstellenden Verklärtsein: Ein Regenbogen aus Stoffbahnen, der die „Clown's Story" abschloss. Und die Adam- und Eva-Puppen samt Paradiesbaum aus der Szenenfolge zur englischen Literatur, von der auch Anglisten wie Wolfgang Clemen zu schwärmen pflegten. Bei diesen beiden Bildern blieb mir die Luft weg, die verzauberten. Als zeitweise anglistischer Studienkollege von Susanne sage ich. „Thank you and good luck".

George Speaight als Clown mit dem kleinen Jakob, 1976

Linke Seite:
Eva im Paradies aus „Shakespeare & Co",
Kopf geschnitzt von John Wright

Diese Seite:
George Speaight als Dylan Thomas
in „Shakespeare & Co"

Linke Seite:
Zettel und Titania aus dem Sommernachtstraum in „Shakespeare & Co"

Oben: Chaucers „Reeve's Tale" aus „Shakespeare & Co"
Unten: Susanne und Stefan mit Eliza Dolittle aus „Shakespeare & Co"
(Foto: Peter Schwenk)

Hector und Ajax aus
„The Trojan Donkey", 1980

Mit George Speaight
auf einer Kundgebung
für Europa in London, 1975

Aus „The Trojan Donkey":
Das Pferd
Helena und Paris mit Neptun
Puppenköpfe in der Werkstatt

Drittes Kapitel

VON LONDON ZURÜCK NACH BAYERN
„Unter ∗ Ober ∗ König ∗ Sau" mit Peter Rieckmann

Zurück ins Jahr 1976: Zunächst segelten wir also mit George in Deutschland unter britischer Flagge. 1977 erweiterten wir unser englisches Repertoire um das Eskimostück „Inook and the Sun", das wir sozusagen als Mitgift aus London importiert hatten. Doch bald galt es, wieder Wurzeln zu schlagen, Wurzeln in unserer alten neuen Heimat. Günther Klinge, ein alter Freund und Gönner der Familie Fichert, riet uns, um wieder heimisch zu werden, einen bayerischen Stoff auf die Bühne zu bringen. Susanne ging nach München in die Staatsbibliothek und machte sich kundig über bayerische Geschichte. Immer wieder entdeckte sie historische Begebenheiten, die als Szenen mit Puppen denkbar waren. Doch wir brauchten einen roten Faden, um die Szenen zu verbinden. Für diesen roten Faden sorgte der Mann aus dem Volk, den wir Girgl nannten. Er wurde zur zentralen Gestalt, durchlebte alle Schrecknisse der Geschichte, litt und überlebte. Wir nannten das Stück nach den an vielen bayerischen Stammtischen heimischen Tarockkarten „Unter ∗ Ober ∗ König ∗ Sau". Das von Susanne zusammengestellte Gerüst der Szenenfolge übergaben wir dem Literaten, Philosophen, Schriftsteller und Bayer Hartmut Riederer. Er erfüllte es mit Leben und schrieb ein wunderbares, authentisch bayerisches Textbuch, das 1980 im C. Greiner Kunstverlag mit den Fotos unserer Puppen erschien. Premiere war im März 1979. Nach anfänglichen Unsicherheiten wurde dieses Stück eine der erfolgreichsten Puppet Players Produktionen, die bei vielen heute noch in Erinnerung ist. 1980 zeichnete das Bayerische Fernsehen „Unter ∗ Ober ∗ König ∗ Sau" für die Programmreihe „Unter unserem Himmel" auf. Redakteur war Andreas Lippl, die Kamera führte sein Bruder Martin.

Hartmut Riederer

Aber was brauchten wir, um so ein aufwändiges Abendprogramm auf die Beine zu stellen? Wir brauchten eine Werkstatt, einen Proberaum und ein Ensemble – d.h. einen Musiker, einen zusätzlichen Puppenspieler, einen Schauspieler, einen Regisseur und Mitarbeiter in der Werkstatt, und wir brauchten Engagements. Am allernötigsten aber brauchten wir Geld. Wir selbst hatten keinen Pfennig. Von Anfang an haben wir unseren Betrieb nicht von der Gutmütigkeit freiwilliger Mitarbeiter abhängig machen wollen. Alle Arbeit musste, wenn auch bescheiden, von uns bezahlt werden und die Konditionen vertraglich festgelegt sein. Das sind gute und richtige Prinzipien, nach denen wir bis heute verfahren. Jedoch ohne das großzügige finanzielle Angebot des oben erwähnten Mäzens Günther Klinge wäre diese Inszenierung und so manche spätere nicht zustande gekommen.

Werkstatt: Eine alte Baracke, in der Vater Fichert Textildruck betrieben hatte, konnten wir benützen. Die Atmosphäre war kongenial, und an Regentagen begleitete der Klang fallender Regentropfen in verschiedenen Eimern unsere Arbeit.

Proberaum: Im Gautinger Rathaus zeigten die Bürgermeister Joseph Cischeck, vor allem aber Dr. Ekkehard Knobloch und später Brigitte Servatius über die Jahre Verständnis und Bereitwilligkeit uns zu helfen. Daher an dieser Stelle ein großer Dank an unsere Heimatgemeinde Gauting! Ende der 70er und Anfang der 80er Jahre wurden in den eingemeindeten kleineren Nachbarorten Buchendorf, Unterbrunn und Oberbrunn die Dorfschulen geschlossen, Räume wurden frei und für unser bayerisches Projekt vorübergehendes Quartier, bis wir dann für mehrere Jahre Räume in Schloss Fußberg erhielten. Als wir dieses herrschaftliche Gebäude wegen Renovierung verlassen mussten, bekamen wir von der Gemeinde großzügige Räumlichkeiten im Keller der Grundschule am Bahnhof. So hatten wir Proberaum, Werkstatt, Atelier, Lager, Dunkelkammer, Teeküche, Toiletten und Heizung(!), alles unter einem Dach, zwanzig Jahre lang – Endstation Sehnsucht! Wie ein Blitz traf uns dann am 15. März 2010 das Verbot, unsere Räumlichkeiten zu betreten. Im zweiten Stock der Schule war ein Stück Decke heruntergebrochen. In der Folge wurde das gesamte Gebäude wegen Baufälligkeit und mangelndem Brandschutz gesperrt. Es war also doch keine Endstation! Zur Zeit der Drucklegung dieses Buches hat die Gemeinde eine neue Herberge für uns gefunden.

Frank Martin – Musiker in „Unter * Ober * König * Sau"

Engagements: Wie schon zwei Jahre zuvor bekamen wir den großen Saal des Stadtmuseums drei Wochen lang zu günstigen Bedingungen, der Bayerische Volksbildungsverband organisierte Schulvorstellungen, und Dr. Wolfgang Till, Leiter des Puppentheatermuseums, hielt seine schützende Hand über uns und ließ ein Plakat für uns drucken.

Ensemble: Einen Musiker fanden wir in Salzburg, F r a n k   M a r t i n. Er spielte Geige, schottische Dulcimer, Horn und Schalmei und außerdem sang er vom gregorianischen Choral bis zur „Internationalen" alles, was ihm in die Kehle kam. Später, als er in den Schuldienst ging, übernahm, ebenso virtuos und einfallsreich, P e t e r   D e c h a n t mit seiner Laute den musikalischen Part. G i s e l a   D r e s c h e r, Tochter von bekannten Puppenspielern erklärte sich bereit, mit Stefan die Puppen hinter der Bühne zu führen und war mit Begeisterung bei der Sache. Da Susanne schwanger war, konnte sie die großen, schweren Puppen nicht tragen. So übernahm sie gewinnbringend die Regie, und einen knappen Monat nach der Premiere kam Tochter Anna gesund zur Welt.

Schauspieler: Auf ihrer Suche nach einem Sprecher traf Susanne sich mit dem Schauspieler P e t e r R i e c k m a n n. Über diese Begegnung berichtet sie: „In einem Ballettsaal in der Ainmillerstraße in Schwabing, wo er Schauspielern Sprechunterricht gab, stellte er mir einen Stuhl in die Mitte des Saales und setzte sich fünf Meter entfernt mir gegenüber. Ich sah, dass er hinkte. Ich erzählte ihm von unserem Vorhaben, und dass wir zunächst für dreißig Vorstellungen einen Mundart sprechenden Schauspieler suchten, der vor unserer Puppenbühne agieren sollte. Kaum hatte ich mein Anliegen vorgebracht, da klingelte sein Telefon und ich hörte ihn sagen, dass er soeben ein Engagement für die Mitwirkung bei einem Puppentheater angenommen habe – obwohl ich dieses Ansinnen noch gar nicht ausgesprochen hatte. Es war Sympathie auf den ersten Blick." Von da an begann eine kollegiale Freundschaft und Zusammenarbeit über mehr als zwölf Jahre.

Peters zentrales Anliegen war die Magie des Wortes. Er duldete kein schlampiges Sprechen. Wenn ihm unser Geschwätz auf Tournee im Bühnenauto auf die Nerven ging, dann rief er: „Kinder, jetzt tun wir was!" Er knöpfte sich uns einzeln vor und gab uns Sprechunterricht, während wir im Stau auf der Autobahn dahinschlichen. Seine eigenen Rollen repetierte er immer und immer wieder, die Rollen im Bayernstück, sowie später in unserer Satire „Deutschland wo liegt es" und in der „Geschichte vom Soldaten".

Peter Rieckmann

Das Resultat war eine geistig durchdrungene und höchst authentische Interpretation. Wohlwollend und überzeugend unterstützte er Susannes Regiearbeit. Auf den vielen Abstechern und Reisen hatte er einen Stammplatz im Bühnenauto, den er mit seiner Beinprothese einigermaßen bequem erreichen konnte. Wir bemerkten, dass er des Öfteren unwillkürlich zusammenzuckte. Er litt unter Phantomschmerzen. Seine starken Schmerzmittel sparte er sich für die Aufführungen auf. Als wir eines Tages in Holland unterwegs waren und in die Nähe von Eindhoven kamen, da rief er: „Da drüben im Reichswald, da haben's mir im Mai 1945 meinen Fuß ang'schossen, und als sie mich drei Tag später g'funden haben, da war das ganze Bein schon schwarz, da ham sie's gleich amputieren müssen." Seither litt er unter Schmerzanfällen in dem Bein, das er nicht mehr hatte.

Nach der Vorstellung setzte er sich zu uns und munterte uns beim mühsamen Einpacken von Puppen und Bühne auf. Er unterhielt uns mit witzigen Sprüchen und behauptete immer, „Arbeit muss was Schönes sein, ich könnt' stundenlang zuschauen". Spät abends brachten wir ihn zurück zum Olympiagelände in München, wo er mit seiner Familie wohnte. Er hangelte sich mühsam die Treppe hinauf, um zum Eingang seines Mietshauses zu gelangen. Er drehte sich noch einmal um und winkte uns mit seinem Stock. Jetzt war er oben, wir winkten zurück und fuhren heim. Auch als er die Strapazen unseres Nomadendaseins nicht mehr bewältigen konnte, holten wir ihn zu uns nach Gauting, wo er unserer Tochter Anna Sprechunterricht gab. Auch gab er Lesungen bei uns im Haus: „Faust", Rilkes „Malte Laurids Brigge", Ludwig Thomas „Weihnachtsgeschichte" und immer wieder Homer: Das Gewand, die Rüstung, die Statur der Griechen füllte er voll aus und ließ den ganzen mythologischen Hintergrund und dessen Poesie mitschwingen – unvergleichlich! Zwei Wochen vor seinem Tod kam er noch einmal im Rollstuhl in unseren Garten. „Das war im Monat Mai, wo alle Knospen sprangen." Er fuhr zurück mit einem Fliederstrauß im Arm.

Er starb am 28. Mai 2005. Er war ein hochgewachsener Mann gewesen. Bei seiner Beisetzung gelang es den Totengräbern trotz redlichen Bemühens nicht, seinen Sarg in die zu kurz bemessene Grube zu senken. Es schien, als wolle er noch nicht ganz auf unsere Gesellschaft verzichten. Ein viertel Jahrhundert gemeinsamer Arbeit und Freundschaft hatte uns verbunden.

Ganz zu Beginn dieser Zeit, nämlich im Jahr 1980, wurde von der Gemeinde Gauting auf Initiative des damaligen Bürgermeisters Dr. Ekkehard Knobloch ein Gautinger Kulturpreis ausgelobt. Dieser teilte sich in einen Ehren- und einen Förderpreis. Hans Olde, ein hoch angesehener Maler erhielt den Ehrenpreis und wir „Puppet Players" den Förderpreis, und dies nicht zuletzt aufgrund von Peter Rieckmanns überzeugender Schauspielkunst. Bei der Preisverleihung war das Gautinger Rathaus gefüllt mit Kulturschaffenden und Kulturinteressierten. Frau Prof. Renate Goepfert, die sowohl „Shakespeare & Co" als auch „Unter ✳ Ober ✳ König ✳ Sau" gesehen hatte, hielt eine zauberhafte Laudatio auf unser Spiel. Der Ehrenpreisträger Hans Olde gab uns zu dem unseren auch noch die Hälfte seines Preisgeldes mit den Worten, „Ich hab das Leben hinter mir, Ihr habt es noch vor Euch und habt zwei kleine Kinder. Ihr braucht das Geld nötiger, als ich!" – Ja, so etwas gibt es in Gauting! Wir fühlten uns in der Heimat willkommen geheißen, unsere Vorstellungen waren durchweg gut besucht, Deutschland hatte uns wieder! Rückblickend müssen wir sagen: Wir hatten in diesen Gründungsjahren einfach allenthalben ganz großen Dusel.

Siegfried Böhmke, Leiter des Münchner Marionettentheaters, schreibt:
„Meine erste Begegnung mit den „London Puppet Players", wie sie sich damals noch nannten, führt zurück in das Jahr 1979. Ich hatte mich nach 13 Jahren

fester Mitarbeit am Münchner Marionettentheater gerade selbstständig gemacht und sah mir neugierig alles an, was in München damals an Puppenspiel präsentiert wurde. Ich kannte die Dreschers, den Otto Bille, die Manuela Mechtel, die „Spieldose", das „Kleine Spiel", aber die „Puppet Players", nein, die kannte ich nicht.

Ich war sehr neugierig, als die mir unbekannte Truppe im neuerrichteten Stadtmuseumssaal ein Gastspiel gab: „ Unter ∗ Ober ∗ König ∗ Sau" hieß das Stück. Ich war begeistert. Ein neuer Wind wehte durch die Münchner Puppenszene..."

Rainer Schlamp, Kunsterzieher und Gründer der „Spielbude" am Scheyern-Gymnasium in Pfaffenhofen a.d. Ilm schreibt im März 2010:
„Ich denke gerne an die vielfältigen Treffen und Kontakte und Gespräche und Anregungen zurück, die ich Ihnen verdanke – unter anderem an den guten Kurs über Bühnentechnik und Bühnenbeleuchtung bei Ihnen, lieber Herr Fichert. Und Ihre Inszenierungen angefangen von „Shakespeare & Co" (1977) und „ Unter ∗ Ober ∗ König ∗ Sau" (1979), waren einmalig, innovativ, schönstes Puppentheater, unvergesslich – und auch inspirierend für unsere Arbeit..."

Sohn Jakob erinnert sich:
„Aus meiner Vorschul- und frühen Schulzeit sind mir ganz besonders zwei Shows in Erinnerung geblieben: „Shakespeare & Co" und „Unter ∗ Ober ∗ König ∗ Sau". Beide habe ich sicherlich hundert Mal gesehen – mir wurde nie langweilig. Immer habe ich mich auf die nächste Szene gefreut und immer wieder war ich enttäuscht, wenn eine Geschichte schlecht ausging: Warum musste denn das Pferd jedesmal sterben? Die Geschichte in „Unter ∗ Ober ∗ König ∗ Sau" könnte ja einmal besser ausgehen... Ganz besonders habe ich die beiden Schauspieler George Speaight und Peter Rieckmann bewundert und sie in langen Deklamationen versucht zu imitieren. Eine besondere Faszination hat Peters Holzbein auf mich ausgeübt – daraufhin habe ich mir auch so eines gewünscht und folgerichtig bin ich beim Deklamieren hinkend durchs Zimmer gelaufen."

Tochter Anna schreibt:
Die Puppenspielertochter.
„Was sind denn deine Eltern von Beruf?" „Puppenspieler." „Was? Echt? Ist ja irre. Kann man davon leben?"
Wir haben jedenfalls gut davon gelebt in der Jägerstraße 1, dem Ausgangspunkt und dem Ort der Rückkunft aller Reisen und Auftritte meiner Eltern. Mein Großvater Eugen wohnte im Haus und meine Großmutter Omama ein paar Straßen weiter; so befanden wir Kinder uns während der Reisen unserer Eltern

in wunderbarer Obhut. Wenn sie mit ihren Kollegen von einer Tournee zurückkamen, dann gab es oft noch ein gemeinsames Essen auf dem Küchenbalkon oder im Wohnzimmer. Sie lachten viel und ausgelassen, so als würden die gemeinsamen Anstrengungen der letzten Tage dadurch von ihnen abfallen. Auch wenn ich den Grund des Lachens noch nicht recht begriff, ich war ja noch ein kleines Kind, so erfüllte es mich doch mit Wohlbehagen und Freude.

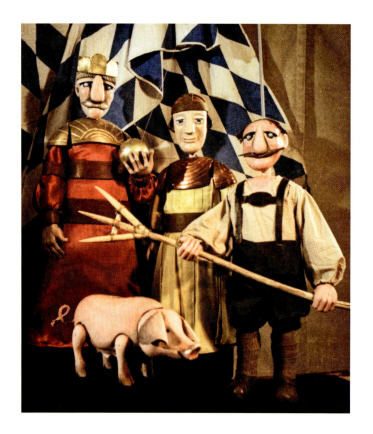

Oben links: Die Protagonisten aus „Unter ∗ Ober ∗ König ∗ Sau"

Oben rechts: Das Bäuerlein läutet die Totenglocke

Unten: Die Barfüßler pilgern nach Rom

Rechte Seite
Oben links und unten: Außenaufnahmen während der Fernsehaufnahmen mit Peter Rieckmann und Frank Martin

Oben rechts und Mitte links: Hinter der Bühne mit Frank Martin, Gisela Drescher und Stefan

Mitte rechts: Peter Dechant, Lautenspieler und Sänger

Girgl, der Mann aus dem Volk

Peter Rieckmann bei den Dreharbeiten im Kreuzgang von Steingaden, 1980

Diese Seite
Oben: König Ludwig II
Unten: Der erste Mensch,
genannt „Pösinger Schorsch"

Rechte Seite
Ludwig der Bayer

Viertes Kapitel

HEINRICH KLUG UND DIE KINDERKONZERTE DER MÜNCHNER PHILHARMONIKER
„Die Geschichte von Babar" und „Mozart & Harlequin"

Wenn wir am Anfang dieses Buches unseren Werdegang mit einem Fluss und seinen Zuflüssen verglichen, so kommt 1980 unser Zusammentreffen mit Heinrich Klug wie ein Wasserfall in unser Flussbett geschossen. Er sprudelte vor Begeisterung für unsere Puppen und war voller Ideen, wie man sie in seine Projekte einbeziehen könnte. Seit 1980 haben wir zusammen mit den verschiedensten hochkarätigen Musikern neun Programme inszeniert. Manche ragen noch heute aus dem Wasser als Flussinseln heraus, wie z.B. „Der Josa mit der Zauberfiedel" (Janosch/Hiller) oder „Mozart auf Reisen". Manche sind überspült von der Strömung der Zeit. Freude gemacht haben sie aber alle, und dicke Freunde sind wir bis heute geblieben. Mit Heinrich in einem Boot zu sitzen, war und ist immer wieder abenteuerlich und lustvoll. Außerdem werden für Konzerte von den Veranstaltern höhere Budgets zur Verfügung gestellt als für Kleinkunst – auch dagegen hatten wir nichts einzuwenden, zumal uns Heinrich gleich behandelte wie seine Musiker.

Heinrich Klug, Solocellist der Münchner Philharmoniker, 1981

Eigentlich war er ja Solocellist der Münchner Philharmoniker und machte die ganze Ära des Stardirigenten Sergiu Celibidache mit. Nie ächzte er unter dem Joch des Orchesterdienstes, sondern plante nebenher seine vielen eigenen Vorhaben. Da ist die jährliche Weihnachtsmusik im alten, frühgotischen Dorfkirchlein, keine zehn Schritte von seinem Haus entfernt. Er gründete 1988 und leitet seither das Abonnentenorchester der „Münchner Philharmoniker" als mitreißender Dirigent. Und außerdem konzipiert er jedes Jahr ein neues Konzert für Kinder, das er dann in München und Umgebung an die zwanzig Mal vorführt. Heinrich liebt Kinder, und es ist ihm ein Anliegen, in ihnen die Begeisterung für Musik zu wecken und zu fördern. Er lässt Kinder auf der Bühne mit musizieren, was für die Kinder im Publikum einen Anreiz bedeutet, selbst einmal ein Instrument zu erlernen. Wenn er eines seiner Projekte realisieren will, mobilisiert er alle seine vielen Kontakte. Er spart nicht an Mitwirkenden, je mehr dabei sind, desto wohler fühlt er sich. Er organisiert das Ganze und sorgt für Finanzen, Transport und Geselligkeit. Er hat also nicht nur Ideen, sondern er ist auch der „Macher".

Stefans Plakat für das Kammerkonzert der Münchner Philharmoniker, 1981

Was nun seine Kinderkonzerte betrifft, so weiß er, dass Kinder nur eine gewisse Zeitspanne Aufmerksamkeit aufbringen, wenn es um rein musikalische Darbietungen und Erklärungen geht. Also teilt er seine Konzerte in zwei Teile. Im ersten moderiert und erklärt er kindgerecht musikalische Aspekte der jeweiligen Vorlage. Nach einer Pause gibt es dann zur Musik immer etwas zum Sehen – und hier kommen wir „Puppet Players" ins Spiel. Das erste Stück, das wir mit ihm machten, war „Die Geschichte von Babar, dem kleinen Elefanten" nach dem berühmten Kinderbuch von Jean de Brunhoff, vertont von Francis Poulenc. Angelehnt an die charmanten Zeichnungen des Buches entstanden in Stefans Werkstatt fünf Elefanten wie die Orgelpfeifen, vom kleinen Arthur bis zum alten Cornelius. Als Stangenmarionetten agierten sie in den zu dreidimensionalen Bühnenbildern gewordenen Buchillustrationen. Nach einer Saison in und um München brachten wir den Babar und all die anderen großen Elefantenpuppen 1982 im Bühnenwagen über den Ärmelkanal an unser Stammtheater in London und spielten dort die englische Version mit George Speaight als Erzähler. Die Kinder unserer beiden Familien wirkten mit: Sebastian Klug (14 Jahre) spielte Trompete, Sonja Klug (9 Jahre) schlug Rad und Purzelbäume, Jakob (9 Jahre) spielte Klavier beim Einlass des Publikums, und sogar die dreieinhalbjährige Anna half mit bei den Kulissenwechseln. Als „Gage" für die Kinder gab es am Ende der Vorstellung höchst begehrte Schokoladenplätzchen. Nach sechzehn ausverkauften Aufführungen dieser in England sehr bekannten Geschichte, machten wir alle zusammen Familienurlaub am Meer in einer einsamen Bucht in Devon.

Viktorianische Marionetten aus der Sammlung von George Speaight

Das nächste gemeinsame Projekt mit Heinrich Klug war „Mozart & Harlequin". Auf der einen Seite war da Mozarts fragmentarische Faschingpantomime (KV 446), die Heinrich für Duo, Trio und Quartett, je nach Bedarf, arrangierte. Auf der anderen Seite hatten wir George Speaights 150 Jahre alte, original viktorianische Marionetten, die „Old Time Marionettes". Charaktere der Commedia dell'Arte waren ebenso dabei wie eine Truppe von Trick- und Zirkusfiguren – so zwei Stelzenläufer, ein Jongleur und Blondin, der berühmteste Hochseilartist seiner Zeit. Susanne verfasste ein Libretto für diese bunte Truppe, die Stefan mit einem geschnitzten Esel vervollständigte, der bis heute unser Maskottchen geblieben ist. Nach der für Heinrichs Kinderkonzerte üblichen Aufführungsserie in und um München gastierten wir mit „Mozart & Harlequin" auch bei den Dresdner Musikfestspielen in der DDR des Jahres 1984. Beim Auspacken unserer Figuren, stürzten sich die acht uns betreuenden Bühnenarbeiter auf die Zeitungen, in die die Marionetten eingewickelt waren, glätteten sie sorgsam auf dem Bühnenboden und studierten die Westnachrichten. Als dann während unserer Aufführung gar ein Elefant mit einem roten Fähnchen im Rüssel auftrat, brauste uns an dieser Stelle völlig ungewohnter Applaus und lautes Gelächter entgegen. Unter weniger brisanten politischen Implikationen spielten wir dieses Stück Jahre später auf Einladung des Gulbenkian Trusts in Lissabon. 1988 reisten wir nach Israel und gaben vierundzwanzig Vorstellungen im Gott sei Dank gut klimatisierten Kulturzentrum von Kfar Saba – draußen blies der gefürchtete Hamsin, der heiße Wüstenwind bei 40 Grad im Schatten. Die Geschichte wurde auf Hebräisch erzählt. Unsere damals neunjährige Tochter Anna sang Mozarts „Komm lieber Mai und mache die Bäume wieder grün". Dieses Lied hatten die israelischen Kinder in der Schule auf Hebräisch gelernt und sangen es zusammen mit Anna auf der Bühne – eine unvergessliche, Völker verbindende Szene. Für uns Deutsche war dies ein tröstliches Erlebnis und nahm uns etwas von unserer Befangenheit.

Von weiteren gemeinsamen Projekten mit Heinrich Klug soll später noch die Rede sein.

Heinrich Klug schreibt im Januar 2010:
Es muss im Herbst 1979 gewesen sein, dass ich nach einem Philharmonischen Konzert Matthias Freund und seine Mutter in meinem Auto mit nach Gauting nahm. Sie schwärmten von den soeben aus London zurückgekehrten „Puppet Players" und von „Unter ∗ Ober ∗ König ∗ Sau". Wir wurden neugierig, sahen die köstliche Aufführung und luden Susanne und Stefan zu einem Abend zu uns nach Hause ein, an dem der neue schwedische Kamin unser Haus erwärmte. Er erwärmte uns alle so stark, dass diese Wärme sich über all die vielen, vielen Jahre erhalten, wenn nicht sogar noch intensiviert hat. Was wären wir ohne Euch! Unsere Verbindung hat so viele unvergessliche Früchte getragen. Der „Babar" machte den Anfang einer Serie von Inszenierungen, die von Mal zu Mal erfolgreicher wurden, aber davon schreibe ich jetzt nicht - das werdet Ihr sowieso in Eurem Buch beschreiben und bebildern. Die vielen Reisen im Van; Israel, Japan, Schottland, England, die Schweiz, Österreich, Jugoslawien, aber auch unzählige Reisen in Deutschland haben uns verbunden. Die Picknickpause abseits der Autobahn, der „Kreis" vor jeder Aufführung, die gute Laune nach der gelungenen Aufführung, die kreativen Proben vor einer neuen Inszenierung... das alles ist Teil von uns geworden und hat uns zusammengeschweißt. Für immer!

Sohn Jakob schreibt:
Meine nächste aktive Teilnahme war dann bei der „Geschichte von Barbar". Eine folgenschwere Inszenierung, denn ich war so begeistert von Heinrich Klugs Klavierspiel, dass ich dieses Instrument auch lernen wollte – eine Tätig-

keit, die ich bis heute ausübe. Aber alles der Reihe nach: Zunächst konnte ich natürlich nicht musikalisch mitwirken, sondern habe hinter der Bühne Requisiten geschoben. Eine sicherlich ehrbare Tätigkeit, aber ich sah mich für höhere Aufgaben berufen. So durfte ich dann beim ersten Londoner Gastspiel („Little Angel Theatre") beim Einlass des Publikums meine gerade gelernten Stücke von Mozart bis Kabalevsky vorspielen. Der strenge Heinrich hat mich daraufhin häufig ermahnt, besser im Takt zu spielen – auf diese Weise wurde mir schon als 8-Jährigem bewusst, dass es bis zur Podiumsreife noch ein weiter Weg ist. Außerdem habe ich mich gerne und stürmisch verbeugt, dabei mir aber häufig in der Nase gebohrt. Kurz: An meiner Pianistik und Bühnenpräsenz musste noch erhebliche Feinarbeit geleistet werden. Übrigens habe ich sieben Jahre später als 15- und 16-Jähriger selbst den Klavierpart des „Babar" übernehmen können und in demselben „Little Angel Theatre" sowie in vielen deutschen Theatern zur Begleitung des Puppentheaters gespielt.

(...) Die Tournee nach Israel: Nach einer langen Schiffsreise durch das gesamte östliche Mittelmeer kamen wir in ein Land der unterschiedlichsten Kulturen und der krassesten Widersprüche. Als 14-jähriger Jugendlicher fühlte ich mich fast schon dem Kindesalter entwachsen – die großen Eindrücke, wie Jerusalem, konnte ich zwar noch mit kindlichem Staunen wahrnehmen, habe aber auch schon versucht, den Konflikt der Kulturen samt ihrer ganzen Problematik und Komplexität, intellektuell zu durchleuchten. Auch in Israel hatte ich eine aktive Rolle: In dem Stück „Mozart und Harlequin" spielte ich ein paar Stücke auf dem Klavier als Vorspann des eigentlichen Programms.

Tochter Anna schreibt:
Wir Kinder durften schon früh mitreisen und an manchen Inszenierungen teilnehmen. Mit vier Jahren trat ich in der Marionetteninszenierung „Mozart und Harlequin" auf. Zur Klavierbegleitung meines Bruders sang ich „Komm lieber Mai und mache", und mit George Speaight sprang ich als Vogel verkleidet über die Bühne und durfte laut und hemmungslos krächzen. Hinter der Bühne bestanden meine Aufgaben darin, einzelne Kulissen auf die Spielfläche zu schieben, das Seil, das am Rüssel eines Elefanten befestigt war, in die Hand des Zirkusdirektors zu stecken, und, falls die Fäden einer Marionette vor ihrem Auftritt verheddert waren, diese noch schnell in Ordnung zu bringen. Stolz war ich, wenn letzteres gelang, denn dann fühlte ich mich unabkömmlich.

Babars Familie entsteht in der alten Gautinger Werkstatt

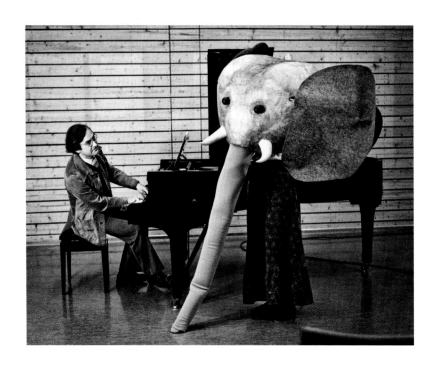

Oben: Babar-Probe mit Heinrich Klug

Unten: Mit „Babar the Elephant"
auf Gastspiel in London am
Little Angel Theatre, 1983
von links: John Wright,
Lyndie Wright, Stefan Fichert,
Susanne Forster,
Heinrich Klug, George Speaight,
Barbara Klug, Sebastian Klug;
vorne: Jakob und
Anna Fichert, Sonja Klug

Rechte Seite: Schlusstableau mit den
Mitwirkenden Jakob und Sonja

Linke Seite
Oben: Szene aus „Babar" mit der „alten Dame"
Mitte und unten: Szenen aus „Mozart und Harlequin"
mit Viktorianischen Marionetten, 1983

Diese Seite
Szene aus „Mozart und Harlequin" mit
Viktorianischen Marionetten, 1983

Fünftes Kapitel

DREI GESCHICHTEN AUS DEM ALTEN TESTAMENT
„Die Arche Noah", „Moses und der König von Ägypten"
und „Der Turmbau zu Babel"

Wie wir bald in unserer Puppenspiellaufbahn herausfanden, konnten wir weder mit einzelnen, verstreuten Erwachsenenvorstellungen, noch mit den personell aufwändigen Kinderkonzerten von Heinrich Klug genug für unsere Familie verdienen. Wir brauchten mobile Kinderstücke, die zu dritt zu bewältigen waren. Kindergärten, Schulen, Bibliotheken waren damals in den 80er Jahren begeisterte Abnehmer unserer Stücke, nur mussten wir jedes Jahr etwas Neues anbieten können, damit sie uns treu blieben.

Margit Findl, 1985

Da kam Margit Findl zu uns. Sie brachte Erfahrung mit vom legendären Münchner Studententheater „Das kleine Spiel". Sie sprach hervorragend Englisch, spielte Querflöte, war voller Tatendrang und wollte bei uns einsteigen. Gemeinsam entschlossen wir uns, drei der schönsten alttestamentarischen Geschichten nach Altersstufen gestaffelt zu inszenieren: für Kinder ab vier Jahren „Die Arche Noah" (1984), für die ab sechs Jahren „Moses und der König von Ägypten" (1987) und für die über Zehnjährigen „Der Turmbau zu Babel" (1989). Bei der „Arche Noah" ging die Rechnung auf. Es ist ein Stück, in dem die Kernidee – der Regenbogen der Versöhnung – visuell dargestellt wird. Er wölbt sich am Ende über die ganze Bühne, auf der die gestrandete Arche und die geretteten Tiere mit Noah zu sehen sind – die Arche als Urbild der Geborgenheit in einer gefährdeten Welt. Es ist als Mitmachtheater inszeniert, in dem die Kinder die Arche bauen, das Futter für die Tiere herbeischaffen und dem schier verzweifelten Noah Mut machen dürfen. Noah ist in seiner biblischen Würde erhalten, aber die Tierszenen sind lustig gestaltet – es gibt also auch etwas zum Lachen. Wir spielen das Stück immer noch nach über 25 Jahren in der gleichen Besetzung mit Margit Findl auf Deutsch und auf Englisch. Die Botschaft am Ende ist so aktuell, wie vor einem Vierteljahrhundert: Wir wollen alle dazu beitragen, dass unsere schöne Erde erhalten bleibt.

Hildegard Braun, 1987

Das Thema von „Moses und der König von Ägypten" ist die Versklavung der Israeliten im Reich des Pharaos. Den aktuellen Bezug bildet der Umgang mit Ausländern und Fremden in unserer Gesellschaft. Der große Moment der Befreiung in der Biblischen Geschichte hat seinen dramatischen Höhepunkt in der Durchquerung des Roten Meeres. Diesem Ereignis konnten wir auf unserer kleinen Bühne nicht gerecht werden. Unsere visuelle Umsetzung blieb unbeholfen. H i l d e g a r d   B r a u n, die 1985 zu unserer Truppe stieß, hatte Erfahrung mit Vorschulpädagogik und war vielseitig musikalisch ausgebildet. Sie erzählte die Geschichte kindgerecht und mit schönem Ernst. Trotzdem aber verloren wir nach wenigen Jahren den Mut, „Moses" weiter aufzuführen, fühlten wir doch, dass das zentrale Bild unbefriedigend visualisiert war.

Nun müsste man meinen, dass wir bei dem Konzept für den „Turmbau zu Babel" aus der Moses-Erfahrung gelernt hätten. Aber wieder hatten wir die Darstellung des gigantischen Turms – des „Protagonisten" der Inszenierung – nicht gründlich genug durchdacht. Zwar gab es einen gemalten Unterbau des Turms, aber das weitere Wachsen dieses Bauwerks versuchten wir mit Projektion darzustellen. Da wir fast nie in völlig verdunkelten Räumen auftraten, blieb der szenische Effekt unbefriedigend: Der visuelle Clou fehlte. A n a   S t r a c k, die schon Margit Findl während deren Schwangerschaft bei „Noah" abgelöst hatte, und die die seltene Fähigkeit besaß, auch den chaotischsten Haufen Kinder in ihren Bann zu ziehen, hat mutig mit Gitarre und jugendlichem Elan mit dem Publikum von Heranwachsenden gerungen und versucht, ihnen die Idee der Hybris und der Selbstüberschätzung nahe zu bringen. Daran aber waren sie völlig uninteressiert – eine Fehleinschätzung unsererseits. Unser Anliegen war es gewesen, die grenzenlose Technologie-Gläubigkeit kritisch zu hinterfragen und zu zeigen, dass es nicht sinnvoll ist, alles, was machbar ist, auch zu machen. Die Debatte um die Kernenergie bildete den aktuellen Hintergrund. Auch verursachte es uns zunehmend Unbehagen, die großartigen Errungenschaften der babylonischen Kultur als nur negativ darstellen zu müssen. So spielten wir den „Turmbau zu Babel" nur wenige Male, und er wurde in das Register des Scheiterns geschrieben.

Ana Strack, 1989

Aber aus diesem Scheitern lernten wir unsere wichtigsten Lektionen:
E r s t e n s – jede Inszenierung braucht ein Konzept mit einer eindrucksvollen visuellen Entsprechung zum Sinn und zur Kernidee des Stücks.
Z w e i t e n s – jede Inszenierung braucht einen Regisseur, der nicht einer von den Mitspielern ist.
D r i t t e n s – jede Inszenierung braucht genügend geordnete und bezahlte Probenzeit.

Margit Findl schreibt im April 2010:
Woher ich 1983 die Telefonnummer der „Puppet Players" bekam, kann ich heute nicht mehr sagen. Jedenfalls stieß damals jemand, der sich mit Puppenspiel

befasste, auch ohne Internet und Google unweigerlich auf die „London Puppet Players". Dass London zu jener Zeit noch Bestandteil des Namens war, übte auf mich eine besondere Anziehungskraft aus, hatte ich doch ein Anglistikstudium und zwei Staatsexamina hinter mir und hielt mich daher für bestens geeignet, mich bei einer Truppe mit diesem Namen zu bewerben.

Zugegeben, im Puppenspiel hatte ich gerade so viel Erfahrung, wie ich in sehr wenigen Monaten am „Kleinen Spiel" sammeln konnte – aber ich wusste genau, dass ich Theater für Kinder machen wollte und war der felsenfesten Überzeugung, alles, was ich noch nicht konnte, lernen zu können. Als Susanne mich einlud, zu einer Aufführung zu kommen, sagte ich sofort zu. Dass diese Vorstellung in den „Münchner Kammerspielen" stattfinden sollte, imponierte mir zunächst mehr als es mich einschüchterte, aber als ich dann die Vorstellung sah – Mozart mit viktorianischen Marionetten, dem großen George Speaight als Erzähler und wunderbaren Musikern unter der Leitung von Heinrich Klug – da war sogar mir mit meinem Hang zu jugendlicher Selbstüberschätzung klar, dass ich so professionellen Künstlern nichts bieten konnte. Woher ich den Mut nahm, mich trotzdem vorzustellen, weiß ich nicht, aber ich habe es getan.

Und so entstand die „Geschichte von der Arche Noah". Mit Eifer stürzte ich mich in die Vorbereitungen. Ich lernte Flöte spielen, nahm Schauspielunterricht bei Peter Rieckmann. Bei den Aufführungen war ich anfangs so nervös, dass kaum ein richtiger Ton aus meiner Flöte kam. Beim Singen intonierte ich so hoch, dass nur noch Countertenöre in spe mithalten konnten, und ich sah tatenlos zu, wenn bei den Mitmach-Aktionen 50 Kinder oder mehr vor Begeisterung die Bühne stürmten. Kritik, und war sie noch so berechtigt und einfühlsam, stürzte mich in Verzweiflung und verursachte beim nächsten Mal nur noch größeres Lampenfieber.

Doch ich bekam reichlich Gelegenheit, mich einzuspielen. Gern denke ich an unsere Deutschlandtourneen zurück, die uns durch viele Städte bis nach Lübeck führten, und während derer mein Mann Wolfgang Urlaub von seinem Arztberuf nahm und bei uns ein Doppelleben als Herrgott und Roadie anfing. In bester Erinnerung habe ich auch unsere Englandtournee, die mit viel Aufregung in Wales begann und ganz entspannt in Norwich und Horsey ihren Höhepunkt fand. Unvergessen sind die Canasta-Abende mit Stefans Mutter und die Nachmittage am Strand von Horsey mit Mary und George Speaight.

Je mehr ich zurückblicke, desto mehr Wehmut über vergangene Zeiten befällt mich, aber auch tiefe Dankbarkeit, dass ich dies alles miterleben durfte.

Dass wir die Arche Noah heute, 26 Jahre nach der Premiere, immer noch spielen würden, hätten wir uns damals in unseren kühnsten Träumen nicht vorstellen können. Langweilig wurde es nie, denn unser Publikum lässt uns jede Auffüh-

rung nach wie vor neu erleben. Auch heute freue ich mich jedes Mal auf eine neue Vorstellung, und jedes Mal habe ich wieder Lampenfieber. – Und ich wünsche mir, dass dies noch oft der Fall sein wird.

Pfarrer Ernst-Ulrich Schüle, Leiter des „Sonnenhof", einer Einrichtung für behinderte Menschen, schreibt im Februar 2010:
Noah ist tatsächlich wieder zurückgekehrt in seine Arche. Vor gut 25 Jahren war das, genauer: im Herbst 1984. Wer von uns Älteren erinnert sich nicht an die wunderbare Aufführung, als die „Puppet Players" mit ihrem „Noah" von Ort zu Ort zogen, bis sie im Schwäbisch Haller „Sonnenhof" für ihn die passende Arche gefunden haben: Ein großer Saal, in dem hunderte von behinderten

Plakate für die drei Bibelgeschichten

Kindern und Jugendlichen, dazu viel Familien aus der ganzen Umgegend, vor allem viele Kinder aus den umliegenden Schulen, voller Spannung das Geschehen um Noah und seine Tiere miterlebten. Die „Arche", der Gemeinschaftsraum des „Sonnenhofes" – einer Einrichtung für behinderte Menschen, damals noch überwiegend Kinder – hat eindrucksvoll unter Beweis gestellt, was sie ist: Ein Ort, an dem alle, behinderte und nicht behinderte Menschen, Große und Kleine, Platz haben und buntes, vielfältiges Leben gemeinsam erfahren (…)

1995 haben die Tiere dann wieder die „Arche" bevölkert, als im gleichen Jahr die Spieltruppe mit „Doktor Dolittle" nach Schwäbisch Hall zurückkehrte: gleich drei Aufführungen an einem Tag und alle in unserer vollen „Arche".

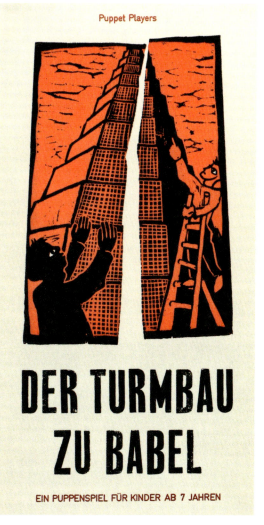

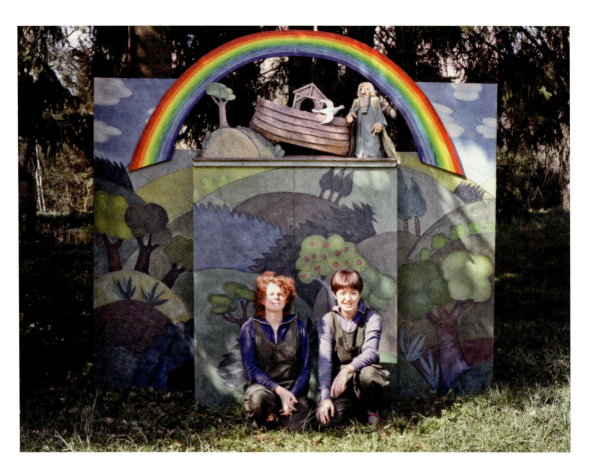

Oben: Die Noahbühne mit Margit Findl und Susanne
Unten: Noah und seine Frau auf der Arche mit der Taube

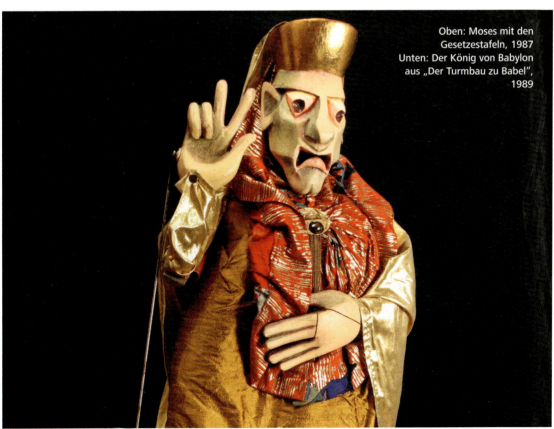

Oben: Moses mit den Gesetzestafeln, 1987
Unten: Der König von Babylon aus „Der Turmbau zu Babel", 1989

Sechstes Kapitel

DAS SCHATTENTHEATER

„Die Geschichte vom Soldaten" mit Max Strack,
„Der Josa mit der Zauberfiedel", „Die Chinesische Nachtigall"
und „Die Bremer Stadtmusikanten" mit Martin Bachmann

1986 wollte Heinrich Klug Strawinskys „Die Geschichte vom Soldaten" als Jugendkonzert herausbringen. Wir waren sofort Feuer und Flamme, dieses große Werk, das uns damals bei unserer Mitwirkung in London so geprägt hatte, nun selbst verwirklichen zu dürfen. Als Spielstätte war im neu erbauten Gasteig in München der Carl-Orff-Saal mit 650 Plätzen vorgesehen. Wir mussten eine Bühnenpräsentation entwickeln, mit der wir so viele Zuschauer optisch erreichen konnten – unsere bisher verwendeten Figuren waren einfach zu klein für einen solchen Raum. Unter dem Eindruck der bahnbrechenden Schattenspiel-Technik der italienischen Theatergruppe „Gioco Vita" – wir hatten deren „Gilgamesch"-Inszenierung in London gesehen – hatte Stefan schon länger mit den Möglichkeiten des Schattentheaters experimentiert. Hier war nun die Gelegenheit, dieses Medium in der Praxis zu erproben. Wir hatten die Vision von einem großen farbigen Schattentheater. Doch solch eine für uns noch unerprobte Darstellungsform war eine überwältigende Herausforderung. Wir brauchten einen Geburtshelfer, der Stefans ästhetisches Konzept mitentwickeln konnte, und der uns Spielern die Unsicherheit mit dem neuen Medium nehmen würde. Unsere Suche führte uns zu Stefans ehemaligem Kunsterzieher: M a x   S t r a c k . Lassen wir ihn selbst zu Wort kommen:

„Die Geschichte vom Soldaten" mit Stefan, Susanne und Heinrich Klug

Die Geschichte der Inszenierung.

Stefan ersann nach früheren Experimenten mit Schatten und Schatteneffekten die stilbildende, große Schattenbühne mit ihrer lichten Leinwand von 2x4 Metern. Das war schon technisch eine Meisterleistung, die zugleich völlig neue Möglichkeiten und Herausforderungen brachte.

Für den volkstümlich daherreimenden Text und die archaisch düstere Geschichte suchte und fand Stefan in den einfachen Holzschnitten der russischen Volkskunst eine kongeniale Bildsprache. Aus ihr schuf er mit ganz eigenen Mitteln das Figurenensemble mit ihren in Plexiglas schwarz gefassten und farbig durchscheinenden Gliedern als zweidimensionale Stabpuppen. Anders als die Schwerelosigkeit der Marionette und anders als die raumgreifenden Stabpuppen müssen sie in der einen verbliebenen Ebene einer sehr reduzierten und dadurch ausdrucksstarken

Entwurf zu den „Bremer Stadtmusikanten"

Grammatik gehorchen. Zugleich sah Stefan in der großen Bildleinwand eine ihn faszinierende Verbindung zu filmischen Mitteln: Große und kleine Ausführungen der gleichen Figuren, Bewegungen zurück in den Bühnenraum auf die Lichtquelle zu und von dort zur Leinwand machten dynamisches Kommen und Gehen, machte Close-Ups und Totale möglich. Ihre transparenten Leiber ließen die Figuren in transparenten Bildgründen, surrealen Räumen und Landschaften erscheinen und im Dunkel untergehen. Und freilich, im Verlauf der Entstehung der ganzen Geschichte kamen immer wieder neue und verzaubernde Effekte dazu.

Noch in den Anfängen des Wachstums dieses gewaltigen Arsenals kamen Stefan und Susanne eines Tages auf mich zu. Sie fragten mich rundheraus, ob ich bereit wäre, zu diesem riesigen Projekt die Inszenierung zu übernehmen. Aus unserer Freundschaft, aus meiner langen Erfahrung als Regisseur sagte ich zu.

Igor Strawinsky hatte zu seinem auf acht Solisten beschränkten Musiktheater nur drei Tänzer geplant. Nun sollten die aufrührende Musik, der treibende Text und das zeitgleiche Bildgeschehen zusammenschmelzen. Das war das Ziel, das war die Aufgabe. Gegeben war die Musik, gegeben war der Text, den Peter Rieckmann schon in den langen Probezeiten als unvergleichlicher Sprecher, tief verwurzelt in hoher, klassischer Theatersprache, zunehmend zu mitreißender Dichte und Ausdruckskraft gestaltete. Neu war das dramatische Bildgeschehen.

Wenn es, abgesehen von aufmerksamer Begleitung, denn eine wirkliche Aufgabe für den Regisseur gab, so war es, miteinander das Zeichnerische, das Ensemble der Spielfiguren und den ersten Entwurf des szenischen Ablaufs mit Stefan und Susanne zu klären. Denn da bestehen wirklich zwei völlig voneinander getrennte Welten: Auf der einen Seite die Welt der Betrachter, vor denen sich auf der Leinwand der von Probe zu Probe sich fließend entwickelnde Tanz der Szenen steigert und klärt. Auf der anderen Seite die unsichtbare komplexe Organisation der Spieler mit ihren in beiden Händen gehaltenen und geführten Figuren, während sie selbst, mit notwendigerweise traumwandlerischer Sicherheit einen schwierigen technischen Reigen aufführen, unhörbar, von niemandem gesehen. Hinter dem unsichtbaren Spielfeld: die Lichttechnik, unlösbar mit beiden Ebenen verbunden und den Ablauf mit wechselndem Licht und wechselnden Bildgründen deutend und steuernd.

Max Strack, Regisseur der „Geschichte vom Soldaten", 1986

Diese unterschiedlichen Welten – die Technik, das gestaltende Spiel, das sichtbare Bild, die Sprache und die Musik – zu einem Sinnstrom zu bündeln, war die Aufgabe, hinter der das umfassende Konzept und die Phantasien von Stefan standen. Dass die Aufgabe gelang, ist der gemeinsamen Verbundenheit mit dem Ziel zu danken, die auch alle sachlichen Kämpfe trug und die am Ende jeder Probe in ein erfülltes Fest mündete. Doch dass auch noch im Ziel ungelöste Fragen und Bildfolgen blieben, konnte erst nach der Premiere mit einem erfahrenen Figurentheaterregisseur (Albrecht Roser) geklärt werden. In dieser vollendeten Form zog dann „Die Geschichte vom Soldaten" mehrere Jahre lang durch Europa und sogar nach Japan. Lang vorbei, unvergessen!

Unvergessen auch die mitternächtliche Ankunft im Theater von Sapporo (Hokkaido, Japan), wo zwanzig Bühnentechniker einschließlich des Chefs millimetergenau unsere Bühne nach einem vorausgeschickten Modell nachgebaut hatten. Dankbarer Applaus von uns Gästen, freundliche Gesichter vom Überstunden machenden Personal. Ebenso unvergessen der Morgen danach: beim Öffnen des Vorhangs der Schrei des Entsetzens. Unsere Figuren lagen wie hingefächert auf dem Boden. Gliedmaßen, einzelne Finger und Köpfe waren abgebrochen. Was war passiert? Wir hatten beim nächtlichen Aufbau die Halterungen der Figuren mit starkem Gaffer-Band an Tischen befestigt. In der Hitze hatte sich dieses gelöst. Mit fast asiatischem Gleichmut knieten sich Stefan mit unserer krisenerprobten Mitspielerin Gisela Drescher auf den Boden. Mit Sekundenkleber befestigten sie Finger, Gliedmaßen etc. wieder an ihre jeweils angestammten Stellen. Die Solisten der „Münchner Philharmoniker" mussten derweilen ohne uns proben. Zur Vorstellung um 15 Uhr war – zwar etwas vernarbt, aber spielbar – das gesamte Figurenensemble bereit. Nach dem Schock konnte uns die Tatsache, dass dann zu diesem Stück für Erwachsene 500 herausgeputzte kleine Kinder kamen, auch nicht mehr aus der Ruhe bringen. Anschließend verprassten wir alle Essensgutscheine, die wir für mehrere Tage bekommen hatten, auf ein Mal in einem traumhaften, traditionellen Restaurant, wo uns Japanerinnen im Kimono kniend die exotischen Speisen servierten.

Bühne für die englische Version „The Soldier's Tale", Edinburgh, 1988

Außer in Japan waren wir noch zu Figurentheaterfestivals in Ascona, Uster und Erfurt, sowie zum internationalen Schattentheater-Festival in Schwäbisch Gmünd, in dessen verschiedenen Fachpublikationen unsere Arbeit wiederholt gewürdigt wurde. Wir waren 1988 zum Musikfestival in Dubrovnik, und im gleichen Jahr zu acht Vorstellungen beim Edinburgh Festival. Dort dirigierte Heinrich Klug Mitglieder des Scottish Chamber Orchestras und der auf den Britischen Inseln beliebte Schauspieler und Fernseh-Star P e t e r B a l d w i n, den wir aus London kannten, sprach markig den englischen Text in der Übersetzung von Michael Flanders.

Das Schattentheaterformat der „Geschichte vom Soldaten" hatte sich für mittlere Säle bewährt. Den an ein Militärzelt gemahnenden Aufbau ersetzten wir für die nun folgenden Kinder-Inszenierungen durch einem rotsamtenen Wagner-Vorhang. 1990 erschien als Kinderkonzert der Münchner Philharmo-

Das Team der „Chinesischen Nachtigall" von links: Stefan, Konrad Wipp, Susanne, Martin Bachmann, Hildegard Braun, Nepomuk Lippl, Heinrich Klug

niker „Der Josa mit der Zauberfiedel" (Janosch/Wilfried Hiller), 1994 „Die Chinesische Nachtigall" (Andersen/Georg Katzer) und 1998 „Die Bremer Stadtmusikanten" (Brüder Grimm/Franz Tischhauser). Der „Josa" hat sich bis heute in unserem Repertoire gehalten, nicht nur weil Janosch eine wundervolle Geschichte erzählt und Hiller eine ebenso wundervolle Musik für ein kleines Orchester dazu komponiert hat, nein, es war die Tatsache, dass Hiller für uns eine „kleine Version" für Geige, Klavier und Schlagzeug zur Verfügung stellte. Dies bedeutete, dass unser Ensemble (1 Erzähler, 1 Beleuchter, 3 Schattenspieler und 3 Musiker) auch auf kleineren Bühnen und in kleineren Sälen Platz fand und bezahlt werden konnte. Zu dieser Zeit war auch der vielseitige Schauspieler und Puppenspieler Konrad Wipp, genannt Koni, zu uns gestoßen. Bis heute spielt er den kleinen Josa – und nicht nur den!

Für das Märchen „Die Chinesische Nachtigall" hatte Georg Katzer eine sehr reizvolle Partitur geschrieben, in der der Kontrast zwischen dem Gesang der lebendigen Nachtigall und dem Kunstvogel in der Gegenüberstellung von akustischen und elektronischen Klängen ihren Niederschlag fand. Leider sah er keine Möglichkeit, diese Partitur auf drei Musiker zu beschränken, was zur Folge hatte, dass wir das Stück nur kurze Zeit aufführten. Schade, denn es war ein schönes und poetisches Stück Musiktheater entstanden. Ähnlich ging es mit Franz Tischhausers „Bremer Stadtmusikanten", die mehr Musiker beanspruchten, als auf einer Tourneeversion bezahlt werden können. Da ein wesentlicher Teil der Kinderkonzerte von Heinrich Klugs musikpädagogischer Moderation und den lebendigen Musikern auf der Bühne abhängt, ist eine Konserve der Musik kein adäquater Ersatz, und wir haben von dieser Möglichkeit auch nur selten Gebrauch gemacht.

Die mitwirkenden „Münchener Stadtmusikanten" (Philharmoniker) von links nach rechts: Hans Billig, Jakob Fichert, Albert Osterhammer, Heinrich Klug, Gerhard Hermann, Burkhard Jäckle

Für alle drei Stücke hatten wir Martin Bachmann um die Regie gebeten. Er ist Absolvent des Studiengangs Figurentheater der Hochschule für Musik und Theater, Stuttgart. Er betrieb schon damals seine eigene Bühne, die er „Theater September" nannte. Er begann jede Probe im Kreis mit Konzentrations- und Ballspielübungen, bis wir alle von diesem Warm-up geistig und körperlich wach und munter waren. Martin hat sich immer gründlich mit den Partituren auseinandergesetzt und die Proben sorgfältig vorbereitet und geleitet. Selbst ein Puppenspieler, betrachtete er alles Puppenspieltechnische auch als sein Problem und half uns verständnisvoll und kompetent mit seiner Bewältigung.

Im „Josa", wo der kleine Junge durch sein Geigenspiel Mond, Personen und Tiere je nach Wunsch groß oder klein fiedeln kann, war unsere Schattenspieltechnik die ideale Lösung, dies visuell umzusetzen. Der Spieler bewegt seine Figur einfach auf die Lichtquelle zu, und schon wächst die kleine Ameise ins Riesengroße.

In der „Chinesischen Nachtigall" entstanden die Komposition und Susannes Texteinrichtung parallel und in gegenseitiger Absprache – ein seltenes Privileg. In den „Bremer Stadtmusikanten" versuchten wir uns zusätzlich in einer neuen Technik: Wir verwendeten Stirnlampen, wie die Kumpel im Bergwerk, die wir Spieler individuell an- und ausschalten und an unerwarteten Stellen Bilder aufleuchten lassen konnten.

Zu unserer Schattenspieltechnik:
Anders als beim traditionellen Schattentheater, wo die Silhouetten-Figuren in einer diffusen Lichtquelle direkt am Spielschirm geführt werden, spielen wir unsere Figuren frei im Raum. Dass wir dennoch relativ scharfe Abbildungen erhalten, liegt am verwendeten Licht, den sogenannten Punktlichtquellen. Auch unsere Projektoren, mit denen wir die Szenenbilder projizieren, fungieren zugleich als Punktlichtquellen. Dies ist aufgrund spezieller optischer Voraussetzungen möglich, nämlich durch die Verwendung extremer Weitwinkelobjektive. Diese Szenenbilder sind ein ganz wesentlicher Bestandteil unseres visuellen Konzepts. Sie entstehen durch die Projektion von Dias, allerdings keiner fotografischen Dias, sondern von in die Diarahmen hineinkomponierten Materialcollagen, z.B. aus Schnipseln grafischer Filme und Folien, Blattgerippen und Spinnweben, Tropfen gefärbter Gelatine und verschiedenen Mineralien. Den Möglichkeiten sind kaum Grenzen gesetzt.

Martin Bachmann, Regisseur von „Josa", „Nachtigall" und „Bremer Stadtmusikanten"

Die Grenzen ergeben sich eher durch das ästhetische Konzept, den optischen „roten Faden" jedes Stücks. Die Bühnenbilder, ob nun Landschaften oder Innenräume, ob real oder irreal, werden geprägt von visuellen Grundelementen, die etwas vom Wesen des jeweiligen Stücks kommunizieren, also eine Art Grundmotiv darstellen. Bei der „Geschichte vom Soldaten" sind die Bilder oft aus Spinnweben gebaut, die etwas von den Verstrickungen des Soldaten im Bereich des Teufels erzählen. Bei „Josa" sind es filigrane Notenbilder, die auf die Macht der Musik verweisen – Thema dieses Stücks. Bei der „Chinesischen Nachtigall" wiederum bilden chinesische Schriftzeichen das graphische Grundmaterial der Bühnenbilder. Bei den „Bremer Stadtmusikanten" schließlich wird diese Funktion durch Abbildungen von Musikinstrumenten erfüllt, d.h. Details wie die Klappen von Holzblasinstrumenten, gefärbt und übereinander gelegt, ergeben Räume und Landschaften, in denen die Schattenfiguren agieren. In Überblendtechnik werden diese Bilder in einen dramatischen Ablauf gebracht und verschmelzen mit den bewegten, farbig-transparenten Figuren zu einem dynamischen Bildgeschehen. Dies zumindest ist unsere Intention, die von unserem europäischen Publikum wohl auch verstanden wurde. Ob dies auch in China der Fall war, ist schwer zu sagen.

Die Reise nach China im November/Dezember 1997 nimmt wohl unter den vielen Gastspielreisen, die wir mit dem Schattentheater gemacht haben, eine Sonderstellung ein. Wir folgten einer Einladung der „Gesellschaft des Chinesischen Volkes für Freundschaft mit dem Ausland", die unseren Aufenthalt in China organisierte und dafür aufkam. Die Reise- und Frachtkosten übernahm der „Freundeskreis Chinesisches Puppenspiel e.V.", dessen Vorsitzender, Karl Heinrich Laudage auch mit von der Partie war.

Edith Salmen,
Schlagzeugerin,
Tournee in China,
1997

Schattentheater nach China bringen, ist wohl wie Eulen nach Athen tragen – ein gewagtes Unterfangen. Wir reisten mit einem Doppelprogramm, nämlich „Der Josa mit der Zauberfiedel" und „Die Bremer Stadtmusikanten", allerdings musikalisch nicht in der gewohnten Version, sondern ausschließlich von unserer wunderbaren und mutigen Schlagzeugerin E d i t h S a l m e n auf einem ganzen Arsenal von Schlaginstrumenten begleitet. Von der chinesischen Seite wurde uns eine Schauspielerin zugewiesen, die die Geschichten in der Landessprache erzählen sollte. Ein paar Probentage in Beijing waren eingeplant. Aber alles kam anders. Als wir im Hotel ankamen, wartete dort eine Nachricht der Frachtfirma auf uns des Inhalts, dass eines der zwanzig Packstücke nicht mit der Luftfracht angekommen sei, die Nummer 17. Ein Blick in die Packliste zeigte schnell, dass es sich um die sogenannte „grüne Tonne" handelte, eine Art verschraubtes Ölfass, in dem sich einige Dutzend Kleininstrumente, die Edith eingepackt hatte, befanden – absolut essentiell. Stefan hing stundenlang – wegen der Zeitverschiebung vor allem nachts – am Telefon. Die Spur der grünen Tonne verlor sich am Frankfurter Flughafen. Was tun? Ein paar schlechte Instrumente konnten wir vom dortigen Konservatorium leihen, sehr zum Missbehagen unserer Gastgeber, denn Leihen gilt in China als äußerst unschicklich. Des Weiteren streifte Edith mit Dolmetscher durch die Märkte und Geschäfte und kaufte ein Sammelsurium von Dingen, mit denen sich irgendwie Töne erzeugen ließen: Pfannen, Flaschen, Spucknäpfe... Zu allem Überfluss war der Vater unserer chinesischen Schauspielerin schwer erkrankt, sodass sie die geplanten Proben kaum wahrnehmen konnte. Regisseur Martin Bachmann konnte sie zwar mit Hilfe eines Videos etwas einweisen, aber wir hatten keine Ahnung, wie unsere Stichworte auf Chinesisch heißen würden. Am Tag der ersten Aufführung in Beijing in einem Kino mit 2000 Plätzen hatten wir nur eine Stunde Probenzeit für dieses Zwei-Stunden-Programm. Ein Albtraum! Den „Josa" konnten wir einmal durchproben, die „Bremer" mussten wir „blind" spielen und waren schließlich froh, mehr oder weniger gleichzeitig mit der Schauspielerin fertig geworden zu sein. Zu allem Überfluss war das ganze Goetheinstitut und der deutsche Kulturattaché anwesend. Freundlicher Applaus zwar, aber wir wären sehr gerne einfach im Boden versunken. Das wurde uns aber nicht gestattet, denn nach einem Blitzabbau mussten wir, wie auch nach allen späteren Auftritten, zum offiziellen Bankett, das für die chinesischen Veranstalter viel wichtiger war als die Aufführungen. Dieses war immer hervorragend und dauerte genau zwei Stunden. Stefan musste als Ensemble-Leiter immer mit den VIPs am „Krawattentisch" sitzen. Der Rest der Truppe, als da waren Edith Salmen, Hildgard Braun, Stefanie Hattenkofer, Martin Bachmann, Wolfi Kagerer und unser eigener Übersetzer Martin Gieselmann saß an einem anderen Tisch, an dem es sehr viel lustiger zuging. Die uns die ganze Zeit begleitende, offizielle Delegation war gut doppelt so groß. Da passte jeder auf jeden auf und verfasste irgendwelche Berichte für ominöse staatliche Agenturen. Unser zweites Gastspiel sollte in Tangshan stattfinden, einer ca. 400 km nordöstlich gelegenen Millionenstadt. Als unser Tour-Bus auf einer großen Ausfallstraße Beijing verließ, gewahrten wir kilometerlange, riesige Schrottplätze. Edith, die Schlagzeugerin, rannte zum Busfahrer, veranlasste ihn zu halten und die Türen zu öffnen, und noch ehe uns unsere Aufpasser daran hindern konnten, sprangen wir raus und liefen auf den Schrottplatz. Schrottplätze sind selten etwas für zarte Gemüter. Chinesische Schrottplätze schon gleich gar nicht. Wahrscheinlich waren wir auch die ersten „Langnasen" in diesem Kosmos aus Abfall. Wir sammelten, was wir an Klingendem finden konnten, bezahlten mit ein paar sehr begehrten Dollars und schleppten unsere Beute in den Bus. Der Delegationsleiter war einem Nervenzusammenbruch nahe.

Unser Auftritt in Tangshan war dann sehr schön. Wir spielten für unsere dortigen Schattenspieler-Kollegen, die teilweise auch schon bei uns in Gauting zu Gast gewesen waren, und diese spielten für uns – traditionelles, virtuoses Schattenspiel. Das dortige Theater hatte sich über die Kulturrevolution hinweg erhalten, während welcher allerdings der alte Meister-Schattenspieler jahrelang in einem Kohlebergwerk malochen musste. Wir konnten uns austauschen. Sie waren an unseren Innovationen interessiert und wir an ihrem Können. In Tangshan gelang es uns sogar, einmal abends unsere Aufpasser abzuwimmeln und die Stadt allein zu erkunden. Es war eiskalt und schon dunkel. In der Ferne hörten wir Musik, Trommeln und Pfeifen. Wir folgten dem Klang und fanden auf einem der breiten Bürgersteige eine größere Menschenansammlung. Es wurde getanzt – traditionelle Volkstänze. Wir wurden sofort herangewunken und mit in den Tanz gezogen. Seidentücher wurden verteilt. Eine Frau, die wohl eine Art Vortänzerin war, unterwies uns in den Tanzschritten. Wir wurden Partnern zugeteilt. Stefans Partner war ein alter, zahnloser Mann, der herzlich lachte und seinen Spaß mit so einem ungelenken Europäer hatte. Das ging so eine halbe Stunde. Auf einen Schlag war alles vorbei, die Leute verschwanden, und wir standen da und rieben uns die Augen. Hatten wir das alles nur geträumt? – Unsere China-Tournee führte uns noch in die alte Kaiserstadt Xi'an und bis in den Süden nach Kanton, wo nicht zuletzt die kantonesische Küche für uns unvergesslich blieb. Ob unsere Auftritte dort annähernd so unvergesslich für unsere chinesischen Zuschauer waren, mag bezweifelt werden. Die grüne Tonne tauchte übrigens vier Wochen nach unserer Rückreise von Hongkong am Flughafen in Beijing auf, und weitere zwei Wochen später wurde sie zurück nach Gauting gebracht.

Rainer Reusch, Leiter des „Internationalen Schattentheaterzentrums" in Schwäbisch Gmünd schreibt im April 2010:
Ich kannte sie nur vom Hörensagen und aus Fachzeitschriften. Überall wurden sie in höchsten Tönen gelobt. Ihre Inszenierungen zeichneten sich „durch höchstes künstlerisches und handwerkliches Niveau" aus. Name des Figurentheaters: Puppet Players. Diese Bühne wollte und musste ich unbedingt kennenlernen. Und so lud ich sie 1991 zum 2. Internationalen Schattentheater Festival in die süddeutsche Stadt Schwäbisch Gmünd ein. Sie sollten dieses einzige Festival für zeitgenössisches Schattentheater mit der „Geschichte vom Soldaten" eröffnen. Am Abend der Aufführung saßen mindestens fünfzig SchattenspielerInnen aus der ganzen Welt im Publikum. Was dann über die Bühne ging, sprengte alle Erwartungen. Große, spektakuläre, aus Plexiglas geschnittene Figuren agierten zur Musik von Igor Strawinsky auf dem ungewöhnlich großen Schattenschirm. Faszinierende, z. T. farbige Collagen gaben den Hintergrund ab. Die Zuschauer staunten. Als dann noch zauberhafte, farbige, in sich bewegliche Lichtfiguren über den Schattenschirm huschten, waren die Zuschauer „aus dem Häuschen". Vor der Bühne saß einer der ganz großen Schauspiellehrer, der das Publikum mit seiner einfühlsamen Stimme in seinen Bann schlug: Peter Rieckmann. So etwas hatte man noch nie gehört und gesehen. Am Schluss Ovationen, Beifallstürme. Ein unvergesslicher Abend, der in die Geschichte des Schattentheaters einging. Später bat ich Stefan und Susanne um einen Beitrag über diese Inszenierung für den 2. Band der Buchreihe „Schattentheater". Ich staunte, wie großzügig und kollegial sie ihre Geheimnisse einem großen Fachpublikum preisgaben. Und ich spürte auch, dass die beiden ähnliche Ziele hatten wie ich, nämlich die zu

Unrecht im wahrsten Sinne des Wortes im Schatten stehende Kunst zu fördern. Stefan schrieb damals: „Es würde mich freuen, wenn dieser Artikel dazu beiträgt, dass jemand anders nun auch nicht wieder Jahre braucht, um das Gleiche zu finden. Mögen die so frei werdenden, schöpferischen Energien der Weiterentwicklung dieses faszinierenden Mediums zugute kommen."

In der Zwischenzeit ist aus der anfänglichen Hochachtung zu diesen Künstlern eine wunderbare Freundschaft zu den Menschen Susanne und Stefan geworden. Bei unseren Besuchen in Gauting haben meine Frau und ich wiederholt die Gastfreundschaft und tiefgründigen Gespräche des Paares genossen.

Auf Grund der Tatsache, dass in Schwäbisch Gmünd ein Museum für zeitgenössisches Schattentheater aufgebaut und eingerichtet wird, erreichte uns vor kurzem die Zusage, dass wir den gesamten Figurensatz der Schattentheater-Inszenierung „Die Geschichte vom Soldaten" einschließlich Storyboard, Skizzen und Konstruktionszeichnungen als Schenkung erhalten sollen. Was für ein Geschenk!

Tochter Anna schreibt:

Wenn wir Kinder an einer Inszenierung nicht teilnahmen, so bekamen wir doch die Vorbereitungen und Proben lebhaft mit. Während der Proben zu Strawinskys „Die Geschichte vom Soldaten" passte ich auf Jakob, den Sohn des Regisseurs Max Strack, auf. Wir spielten im Schlosspark, während unsere Eltern in einem Raum im Schloss probten, schauten aber auch immer mal wieder zu ihnen rein. Jakob Strack war damals ungefähr vier und ich acht Jahre alt. Mitgerissen von der ernsten Atmosphäre der „Geschichte vom Soldaten" und der beeindruckenden Sprechweise des Erzählers Peter Rieckmann, sprachen Jakob und ich immer wieder folgende Worte mit: „Zwischen Rom und Leningrad wandert heimwärts ein Soldat. Urlaub hat er ganze vierzehn Tag, wandert, was er wandern mag." Wir kamen uns dabei bedeutsam und dazugehörig vor.

Sohn Jakob schreibt:

Meine bis dato letzte aktive Teilnahme an einer Produktion meiner Eltern war bei den „Bremer Stadtmusikanten" 1998, ein von dem schweizerischen Komponisten Franz Tischhauser recht launig und ironisch geschriebenes Bühnenwerk für Bläserquintett und Klavier, wobei die Fagottstimme von Heinrich Klug auf dem Cello gespielt wurde. Ich habe viele schöne Erinnerungen an diese Zeit. Obwohl ich gerade erst dabei war, mein Grundstudium in Karlsruhe abzuschließen, wurde ich von Heinrich als professioneller Musiker ernst genommen und regelmäßig als Kollege und Mitglied der Münchner Philharmoniker dem Publikum vorgestellt. Eine Auszeichnung, die ich mir erst noch verdienen musste.

Die verschiedenen Teufelsgestalten aus „Die Geschichte vom Soldaten"

Der Soldat kehrt in sein Heimatdorf zurück

Rechte Seite
Oben: Der Soldat als Aktienspekulant
Unten: Die Hochzeit von Soldat und Prinzessin

Die Prinzessin tanzt den Ragtime

Oben beide und Mitte links: Aus „Die Bremer Stadtmusikanten"
Mitte rechts und unten links: Aus „Der Josa mit der Zauberfiedel"
Unten rechts: Aus „Die Chinesische Nachtigall"

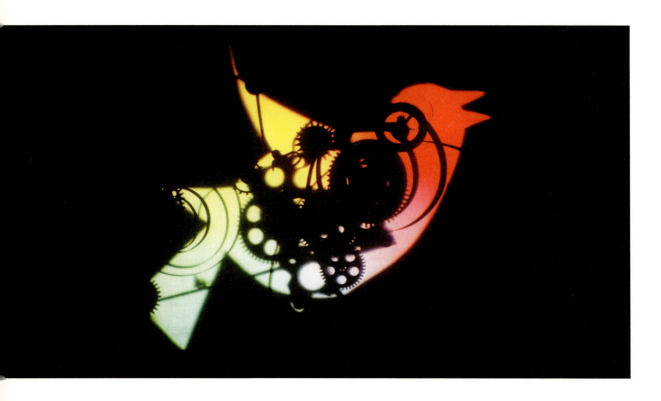

Oben: Die künstliche Nachtigall
Unten: Hinter der Bühne beim Schattenspiel, Konrad Wipp, Susanne und Stefan
Rechte Seite: Josa am Ende der Welt

Siebtes Kapitel

HANS WERNER HENZE UND DIE MÜNCHENER BIENNALE

Das eben beschriebene große, farbige Schattentheater im Verein mit hochkarätigen Musikern hat uns auf ein Niveau gehoben, wo wir von höherer kultureller Warte wahrgenommen wurden.

Im Frühjahr 1989 wurden wir zu einem kurzen Gesprächstermin mit dem Gründer und Leiter der „Münchener Biennale – Festival für neues Musiktheater", Hans Werner Henze, geladen. Bald darauf bekamen wir ein Skript und eine Kassette von der Münchener Biennale zugeschickt nebst einem Termin und einer Adresse, wo wir uns mit Henze treffen sollten. Wir lasen das Skript, wir hörten uns die Kassette an – ein Auftragswerk eines jungen, japanischen Komponisten – und mussten feststellen, dass uns weder Musik noch Libretto für ein Marionettenstück geeignet vorkamen, ja diametral entgegengesetzt den Möglichkeiten und dem Potenzial unseres Metiers erschienen. So sollte eine Marionette zu genau komponierter Musik aus einer Teekanne tropfenweise den Tee einschenken und dergleichen. Noch in der S-Bahn versprachen wir uns, dieses mit unserem Medium unverträgliche Angebot nicht zu akzeptieren.

Hans Werner Henze
(Foto: Regine Koerner)

Dann standen wir vor Henzes Etagentür und hörten von innen vielfältiges Gemurmel. Wir klingelten, niemand schien uns gehört zu haben, und wir wollten schon umkehren und nach Hause zurückfahren. Da öffnete sich die Tür weit. Henze kam erfreut und in bester Laune auf uns zu, er bat uns herein und verkündete der erwartungsvoll still gewordenen Gesellschaft: „Darf ich Euch vorstellen, das sind unsere Puppenspieler Susanne und Stefan." Wir lächelten linkisch und schluckten erst einmal unsere zurechtgelegten Worte der Absage hinunter. Wir wurden einzeln den Anwesenden vorgestellt – Autoren, Komponisten, Sponsoren – einer war aus London und kannte sogar unser Stammtheater. Unsere Englischkenntnisse waren nützlich. Man setzte sich in die Runde unter einem Original-Francis-Bacon gegenüber einem mächtigen Steinway und auf doppelt gelegten, kostbaren Teppichen. Henze legte seine Pläne und Wünsche bezüglich des Figurenspiels dar. Er sprach von seiner Liebe zu unserem Medium und erzählte launig von der Begegnung mit sizilianischen Puppenspielern, die traditionell die Geschichten um Orlando Furioso mit Stangenmarionetten spielen, an deren Ende meist ein Haufen geköpfter, feindlicher Krieger auf dem Bühnenboden liegen. Er habe den Direttore gefragt, ob er mal zu einer Probe kommen dürfe. Dieser habe ihn ganz entgeistert angesehen, ihn von oben herab gemustert und gesagt: „Signore, wir sind Künstler, wir brauchen doch nicht zu proben!"

Henzes Anliegen war es, zeitgenössisches Musiktheater zu fördern. Er wollte jungen Komponisten, Opernregisseuren, Künstlern und Bühnenbildnern in der Ausbildung die Chance geben, ihre Fähigkeiten zu erproben. Die Parameter waren klar definiert: Guckkastenbühne, Kammermusik-Ensemble und eine Handlung ohne Worte, die nur durch gestische und musikalische Impulse zum Ausdruck gebracht wird. Es lag ihm daran, im Musiktheater neue Wege zu gehen und Synergien zu schaffen durch spartenübergreifende Zusammenarbeit. Das Experimentierfeld dazu sollte das Figurentheater sein. Unsere Aufgabe sollte darin bestehen, die Betreuung des Projekts aus professioneller Sicht zu übernehmen, die sogenannte Spielleitung. Außerdem sollten wir den Spielern die Handhabung von Marionetten beibringen. Welchen Spielern? Henze wollte eine „Marionnettenschule der Münchener Biennale" einrichten, und Interessierte sollten per Anzeige in der Zeitung gefunden werden. Henze war es gelungen, unsere anfänglichen Vorbehalte gänzlich in den Wind zu schlagen.

Zwei Wochen später trafen wir im Münchner Freien Musikzentrum mit ca. 15 vorwiegend jungen, enthusiastischen Leuten zusammen, die sich besonders zu Musik- und Figurentheater hingezogen fühlten. Einer von ihnen war ein professioneller Puppenspieler, M a r t i n   P r o c h a s k a, mehrere hatten schon einmal eine Puppe in der Hand gehabt, und manche waren einfach gekommen, weil sie neugierig waren.

Zur Struktur der Biennale:

Unsere Tätigkeit und das ganze Unternehmen Marionettenschule wurde hervorragend von der Dachorganisation des Biennalebüros unterstützt. Wir bekamen die notwendigen Räumlichkeiten, die Kurs- und später die Probentermine wurden nach unseren Wünschen arrangiert und mit Henze koordiniert. Um die Finanzen brauchten wir uns nicht zu kümmern. Wir bekamen Materialpauschalen, die später abgerechnet wurden, die Studenten bekamen ihre Aufwandsentschädigungen, die Autoren, Komponisten, Designer und Regisseure hatten ihren Vertrag, und auf unser Konto floss monatlich, regelmäßig ein Betrag – eine völlig neue Erfahrung für freischaffende Puppenspieler, an die man sich glatt hätte gewöhnen können. Die Atmosphäre im Biennalebüro war immer zuvorkommend und locker, selbst als wir anfingen, eine kleine Zeitung mit Fotos und Artikeln zu drucken – sieben Ausgaben wurden es an der Zahl – und den einzigen Kopierer stundenlang belegten. Wir bekamen nicht nur den Heftklammerer zum Bündeln der Exemplare, sondern auch noch eine Tasse Kaffee!

Am Ende jeder Biennale wurde der BMW-Musiktheaterpreis der Münchener Biennale verliehen. Aus jeder Sparte wählte eine sechsköpfige Fachjury die Preisträger aus. So gab es auch einen Preis für das Figurentheater. Henze hatte gerechterweise entschieden, dass das Preisgeld in der Marionettenschule unter allen Mitwirkenden des preisgekrönten Stücks aufgeteilt werden sollte – eine Maßnahme der Solidarität, die wir sehr begrüßten. Da blieb zwar für den Einzelnen nicht viel übrig, aber das Gefühl des gemeinsam errungenen Resultats, die Freude, der Stolz kräftigte die Gruppe.

Henze kam immer wieder einmal zu unseren Proben und schaute zu, so auch als wir mit Roser'schen Tüchermarionetten zur Musik übten. Es machte ihm Spaß, wie die Studenten mit ihren Figuren im Takt gemeinsam durch den Saal tänzelten. Er nahm auch selbst eine Figur in die Hände. Von Anfang an war es ihm wichtig, dass alle das Notenlesen beherrschten. Er ermutigte uns immer wieder, erfinderisch zu sein und zu experimentieren. Die dreizehn Inszenierungen, die unter seiner Obhut und unserer Anleitung zu den Biennalen 1990, 1992 und 1994 entstanden, waren völlig unterschiedlich konzipiert und zeigten uns, dass das Puppenspiel wahrhaftig das Medium der tausend Möglichkeiten ist. In diesen Jahren haben wir sehr viel dazu gelernt, was uns auch späterhin für unsere Puppet-Players-Inszenierungen mutiger und flexibler machte.

Übungen mit Roser'schen Tüchermarionetten mit den Studenten der Marionettenschule und Hans Werner Henze

Vier Werke kamen 1990 zur Aufführung. Darunter befand sich auch „Die Weiße Schlange", jenes Libretto, welches wir für unrealisierbar gehalten hatten. C l a u s   G u t h (Regie) und C h r i s t i a n   S c h m i d (Bühnenbild), die damals kurz vor dem Ende ihrer Ausbildung standen – heute ein gesuchtes Opern-Regie-Team – gelang es, diesem spröden Stoff eine zauberhafte Inszenierung zu entlocken. Angelehnt an die japanische Origami-Papierfalttechnik entwickelten sie eine abstrakte Sicht dieses Werks, die es ermöglichte, die Geschichte zu erzählen, ohne sich in Details zu verheddern.

Die anderen drei Inszenierungen 1990 waren „Asinus Aureus", „Paul et Virginie" und „Judith und Holofernes". Letztere bekam den BMW-Preis „für die beste Realisierung im Figurentheater". A n d r e a s   H a r t l (Regie) und H a n s - J ö r g   H a r t u n g (Bühnenbild) war es gelungen, für das wuchtige Thema und die kraftvoll-minimalistische Musik des Amerikaners D a v i d   L a n g eine kongeniale Visualisierung zu schaffen.

Nach den Erfahrungen dieser vier Produktionen lud Henze auf unsere Anregung Komponisten, Autoren und Regisseure zu uns ein, um gemeinsam literarische Vorlagen, Stoffe für diese Opern ohne Worte, zu finden, und zu prüfen, welche Art von Figuren zu welcher Art von Musik und Handlung passen könnten. Damit wurde eine gemeinsame Basis geschaffen und ein konstruktiver Dialog unter allen Beteiligten möglich gemacht.

So entstanden 1992 sechs Inszenierungen, zwei davon in einem Theaterbus für Kinder, „Der Geteilte Edelmann" und „Die Beharrliche Schildkröte". In der „Black Box" des Kulturzentrums „Gasteig" kamen die anderen vier zur Aufführung, nämlich „Hero und Leander", „Peter Schlemihl", „Die Bergwerke zu Falun" und „Vorübergehend Geschlossen" – letztere, eine Version von Aristophanes „Lysistrata", hatten wir Puppet Players selbst mit Klangfiguren und Schlagzeug-Ensemble realisiert, und bekamen den BMW-Preis für die „charmante und freche Umsetzung des literarischen Stoffes". Das freute uns natürlich sehr, vor allem auch, weil dadurch unsere fachliche Autorität konsolidiert wurde.

Gleich nach dieser, unserer zweiten Biennale, trafen wir uns alle mit Henze im Freien Musikzentrum, versuchten die Lehren aus dem Gewesenen zu ziehen, und machten gleich in groben Umrissen, Pläne für die kommende Biennale 1994. Hans Werner Henzes immerwährender Wunsch, hochentwickelte Fadenmarionetten zu sehen, war noch nicht gestillt, nein, eher noch angeschürt worden. Wir hatten uns als Spielleiter gegen diese heikelste Form des Puppenspiels gesträubt, da wir das Gefühl hatten, das notwendige Können in der Gruppe noch nicht entwickelt zu haben. Nach fast vier Jahren Training jedoch konnten wir nun nicht mehr kneifen. Außerdem, wer möchte sich schon dem Wunsch seines künstlerischen Leiters widersetzen?! Fadenmarionetten können Erhabenes und Tragisches vermitteln. Henze fand ein geeignetes Exposé des jungen Dichters Octavio di Leo, „Der Stimmbruch", eine poetisch-tragische Geschichte, die während der Nachkriegswirren 1923 im Ruhrgebiet spielt.

Diese Art von Puppenspiel ohne Worte, so haben wir gelernt, sollte nicht länger als 30-40 Minuten dauern – also wollten wir weiterhin pro Abend ein Doppelprogramm geben. Handpuppenspiel hatten wir noch nicht gezeigt und hatten große Lust darauf. Handpuppen haben durch ihre physische Verbindung mit der menschlichen Hand etwas Direktes, Derbes, Komisches. Dies schien uns ein willkommenes Kontrastprogramm zum poetisch-tragischen „Stimmbruch" zu sein. Eine unserer Studentinnen, Sigrid Maurice, schlug Gogols „Die Nase" vor. Die Tatsache, dass bereits Dimitri Schostakowitsch eine Oper dieses Titels komponiert hatte, störte Henze keineswegs. „Der hat das für Menschen komponiert, wir machen es mit Puppen – und außerdem habe ich da eine junge Komponistin aus Rom, L u c i a R o n c h e t t i, die gewiss etwas Zauberhaftes daraus machen wird." Stefan bekam den Auftrag, dieses Handpuppenspiel zu entwerfen und zu bauen und P e t e r G e i e r h a a s, Experte für Witz im Puppenspiel, die Regie zu führen.

Aus der Studentengruppe kam der Wunsch, Figurentheater nicht nur in der „Black Box", unserer Aufführungsstätte, zu präsentieren, sondern damit auch einmal auf die Straße zu gehen. Dieser Wunsch kam nicht nur der Gruppe entgegen, sondern auch der Stadt und den Veranstaltern, denen es wichtig war, dass die Biennale nicht nur das exklusive und eingeweihte Publikum erreicht, sondern eine gewisse Breitenwirkung und Popularität entwickelt, also Theater im öffentlichen Raum. Was könnte da geeigneter sein, als das Puppenspiel, das auf eine lange Tradition des Straßentheaters zurückblicken kann? Damit wollten wir nicht den Straßenkünstlern in der Fußgängerzone Konkurrenz machen. Ihr Ziel ist es, Münzen in ihrem Hut klingeln zu hören. Wir hatten ein anderes Anliegen, und es durfte und sollte im weitesten Sinne politisch sein – so war es mit Henze abgesprochen. Wir wollten dieses Anliegen vielen Leuten mitteilen, die nie den Schritt in den Gasteig gewagt hätten. Deshalb gingen wir mit unserem Theater auf die Straße.

Eine der Studentinnen, M i r t h a   M o n g e , eine mutige Frau, entwickelte ein Konzept und übernahm dessen Herstellung. Sie nannte es „Die Vier Himmelsrichtungen". Darin standen sich Armut und Reichtum, Ordnung und Chaos kämpfend gegenüber. Die Komposition übernahm T o b i a s   K ä s t l e und die Regie J o n a t h a n   M o o r e . Susanne hatte sich leichtsinnigerweise als Regieassistentin zur Verfügung gestellt, da sie auf diese Weise hoffte, die Studentengruppe in ihrer schwierigen Aufgabe zu unterstützen, denn sie mussten drei Meter hohe, schwere Figuren tragen und führen. Ohne ihre körperlichen Anstrengungen zu würdigen, behandelte sie der Regisseur in solch demütigender und barscher Weise, dass es viele Tränen gab und sie Zuspruch bitter nötig hatten. Auch Susanne gegenüber benahm er sich abfällig und beleidigend und hinterließ bei ihr denkbar unerfreuliche Erinnerungen. Die Show aber wurde ein großer Erfolg, wurde acht Mal auf öffentlichen Münchner Plätzen gespielt und bekam den BMW-Musiktheaterpreis jenes Jahres.

Die „Marionettenschule der Münchener Biennale" war eine kontinuierliche Einrichtung und nicht nur ein alle zwei Jahre stattfindendes Ereignis, wie alle anderen Biennale-Veranstaltungen. Es ging also auch darum, wie man die Zeit zwischen den Biennalen, wo noch nicht direkt an den kommenden Projekten gearbeitet wurde, sinnvoll für die Gruppe gestalten sollte.

Martin, der professionelle Puppenspieler, erklärte sich bereit, wöchentlich drei Stunden mit der Gruppe Improvisationen zur Musik und experimentelle kleinere Projekte auszuarbeiten sowie generell die Spielfreude im Ensemble zu pflegen. Wir übernahmen die Vorbereitung und Organisation von fünf Wochenendseminaren, die entweder direkt auf die kommenden Inszenierungen hinwiesen oder unser Verständnis der in unser Medium einfließenden Kunstgattungen, wie Musik und bildende Kunst, vertieften. Es gelang uns, ein Quintett ganz wunderbarer Seminarleiter für unsere Sache zu gewinnen.

Hans Werner Henze – Es begann im Oktober 1992 mit Hans Werner Henzes Seminar über Musikanalyse (er kam extra deshalb aus Rom!). Es ging um die Übersetzung von Musik in Bewegung. Wir benutzten dafür wieder die einfachen Tüchermarionetten. Als musikalischen Ausgangspunkt hatte Henze Mozarts Kegelstatt-Trio gewählt. Ein Klavier wurde geordert und drei junge Musiker engagiert: Jörg Widmann, Klarinette, unser Sohn Jakob, Klavier und Jakob Hirsch, Viola. Henze unterschied drei Arten, diese Musik zu interpretieren, nämlich erzählend, tänzerisch und analytisch, wobei jedem Spieler mit seiner Puppe die Interpretation eines Instruments zugeteilt wurde. Die Aufgabe der ersten Gruppe war es, die drei Instrumente mit den Tüchermarionetten zu personifizieren und auf diese Weise eine Geschichte zu erzählen. Für das Menuett wurden zwei Barock-Tänzer im Kostüm engagiert, die uns in den Tanz dieser Epoche einführten und die Schritte erklärten. Diese Erfahrung floss dann in die Umsetzung durch die Tüchermarionetten ein. Die Aufgabe der dritten Gruppe war es, die musikalischen Strukturen direkt in Bewegung zu übersetzen. Zu dieser Gruppe gehörten Hildegard Braun und wir beide. Für Susanne gehörte diese Umsetzung von Musikanalyse ins Puppenspiel zum Lustvollsten, was sie je gemacht hatte.

Peter Schumann – Im November kam Peter Schumann aus den USA. Er hatte damals schon 30 Jahre lang poetisch-politisches Straßentheater auf der ganzen Welt gemacht, bekannt als „Bread and Puppet Theater". Natürlich scheut man sich als Unerfahrener erst einmal vor so einem Giganten. Aber unmerklich und behutsam gab uns Peter genügend Material an die Hand und machte uns Mut. Wagemut im Verbund mit einem echten Anliegen sei überhaupt das Wichtigste, wenn man auf die Straße geht und Leute ansprechen möchte, die keine Eintrittskarten dafür gekauft haben, schnell zur S-Bahn wollen oder zum Biertrinken oder sich unter Umständen gar nicht auf das Gezeigte einlassen wollen.

Rudolph Roth – Im Februar 1993 kam der Schlagzeuger und Jazzmusiker Rudolph Roth zum Rhythmustraining. – Ziel war, einen Grundrhythmus im Körper zu spüren, zu verankern, den man beibehalten kann, auch wenn Arme, Kopf und Hände andere isolierte Bewegungen ausführen. Dies ist natürlich unerlässlich für einen Puppenspieler, der zur Musik arbeiten soll, da wir ja auf Umwegen über Spielkreuze und Stäbe Bewegungen erzeugen und über diese technische Tätigkeit den musikalischen roten Faden nicht verlieren dürfen. Rudolph hat uns außerordentlich gefordert und uns viel Konzentration und physische Kraft abverlangt. Aber nach diesem Wochenende

Peter Schumann vom „Bread & Puppet Theatre" aus USA, Straßentheater

gingen wir tagelang wie auf Wolken – ganz rhythmisch, versteht sich.

Max Strack – Ausgehend von einer Übung in der Gruppe, die den Umgang mit persönlicher Erinnerung zum Inhalt hatte, ermöglichte Max den Studenten einen subjektiven und offenen Zugang zu Werken zeitgenössischer Kunst, kulminierend in „Zeige Deine Wunde" von Joseph Beuys. Vor dieser Installation in der Lenbachgalerie saßen wir eineinhalb Stunden lang und dachten, es seien mal knapp 15 Minuten vergangen. Max räumte rigoros mit Vorurteilen auf, die durch Angst vor dem Ungewohnten entstehen.

Eric Bass – Zum Abschluss kam Eric Bass aus den USA. Schwerpunkt lag hier auf der Puppenführung. Wie hauche ich dem leblosen Ding aus Holzstückchen und Stofffetzen Leben ein? Was muss in mir vorgegangen sein, damit ich Stimmungen oder Handlungsabläufe mit meiner Puppe ausdrücken kann? – Nie gab sich Eric mit eleganten oder raffinierten Tricks zufrieden. Erst wenn man mit Wahrhaftigkeit in eine Rolle eingedrungen war, fand eine Darbietung seine Anerkennung.

Durch diese fünf Seminare gestärkt, hofften wir, uns an die kommenden Aufgaben in der Biennale 1994 heranmachen und ihnen nach besten Kräften gerecht werden zu können.

Bald hatte es sich herumgesprochen, dass in München unter Maestro Henze modernes Figurentheater gezeigt wird. 1990, direkt im Anschluss an unsere erste Biennale-Spielsaison, fuhren wir mit allen vier Inszenierungen („Die Weisse Schlange", „Judith und Holofernes", „Asinus Aureus", „Paul et Virginie") alle zusammen nebst Sattelschlepper nach Frankfurt/Main zur Alten Oper. September 1992 wurden wir von Margareta Niculescu ans berühmte „Institut International de la Marionnette" in Charleville-Mézière zu einem hochkarätigen Symposium „Musique en Mouvement" eingeladen, und zwar mit den Stücken „Hero und Leander" und „Die Wundersame Geschichte von Peter Schlemihl".

1995 verschaffte uns Henze eine Einladung zu seinem Festival in Montepulciano. Ein zauberhaftes Barocktheater im nahegelegenen Aquaviva wurde unsere Spielstätte. Nach den Aufführungen in lauer Sommernacht wurden uns fürstliche Malzeiten vor dem Theater serviert. Und wir genossen den Vino Nobile de Montepulciano zusammen mit dem noch verweilenden Publikum.

Im gleichen Jahr holte uns der Impresario Alfred Silbermann, der uns in München gesehen hatte, an die Accademia Filarmonica nach Rom – mit den beiden Biennale-Produktionen, die wir selbst inszeniert hatten, „Lysistrata" und „Die Nase". Im berühmten Café Greco sitzend, lasen

Rudolph Roth,
Jazzmusiker,
Rhythmustraining

Eric Bass, Puppenspieler
aus USA, Puppenführung

wir in den Tageszeitungen zwei gute Kritiken unserer Aufführungen, die wir dann stolz Henze und seinem Freund Fausto nach Marino mitbrachten. Wir waren mit allen unseren Studenten großzügig zum Mittagessen eingeladen. Eine lange Tafel für die hungrigen Puppenspieler nebst Kindern war im Innenhof gedeckt. Die Sonne strahlte vom italienischen Himmel, worauf auf Henzes Ruf „Cappelli!" zwanzig Sonnenhüte verteilt wurden. Es gab herrliche Pasta, ausgeteilt von einem Bauernpaar, das den hauseigenen Weinberg betreute. Salate, Obst und köstliche Desserts kamen auf den Tisch. Gegen Ende dieses Festmahls wagte Susanne es, aufzustehen und beherzt durch den inspirierenden Landwein ein paar Worte an Hans, wie wir ihn nennen durften, zu richten. Natürlich dankte sie ihm und Fausto für die überwältigende Gastfreundschaft. Wichtiger aber: sie dankte ihm im Namen aller dafür, dass er die Kluft zwischen einer künstlerischen Vision und deren Verwirklichung geholfen hatte zu verringern. Da stand Henze auf und antwortete ernsthaft und mit wunderbar gesetzten Worten auf die Thematik, die alle schaffenden Künstler bewege. Das Puppenspiel habe eine neue Dimension mit den Biennalevorstellungen erfahren. Er sei stolz auf uns, und er bestärke uns, weiterhin den „mutigen Schritt ins Ungewisse zu wagen…(es geht) um Aufdeckung von Verbindungen und Übergängen, die latent zwischen Farb- und Musikton, der musikalischen und der körperlichen Geste, dem seelischen und dem tonalen Affekt existieren, geheimnisvollen Übereinstimmungen und Entsprechungen, aus deren Freilegung neues Sublimieren des schöpferischen Denkens, des künstlerischen Ausdrucks hervorgehen könnte." Wir nahmen die Sonnenhüte ab und dankten unserem Lehrer und Freund mit einem begeisterten Applaus.

Das Puppenspiel als „kleine Form" hatte sich einen exquisiten Platz in der Biennale erobert, die „Black Box" war immer voll, die Zeitungen rezensierten ausführlich und enthusiastisch über unsere Arbeit. Im Vorfeld des Führungswechsels von Hans-Werner Henze zu Peter Ruzicka meinten alle, dass, wenn etwas von der bisherigen Biennale weiter bestehen bliebe, sei es gewiss das Figurentheater. Doch der Stadtrat in München und der neue Biennale-Chef entschieden sich gegen die Weiterführung und verwendeten das Geld stattdessen für die Finanzierung von Projekten der großen Oper. Das ging schnell und trotz mächtiger Gegenstimmen radikal vor sich. Unsere Proberäume wurden anderweitig vermietet, die Marionettenschule geschlossen und unsere Kontonummer beim Stadtkämmerer storniert. All das Erlebte, all das Gelernte, das uns zusammengeschweißt, und das uns zu bewusster künstlerischer Arbeit fähiger gemacht hatte, verlor von heute auf morgen seinen Fokus. Alle kostbare Gemeinsamkeit verflog, alle weiteren bereits fortgeschrittenen Pläne konnten nicht mehr verwirklicht werden. Sollte das nun alles vorbei sein? Ja, es war vorbei.

Hans Werner Henze schreibt am 27. März 2010 aus Marino:
Liebe Puppet Players!
Ich wünsche Euch viel Glück für die jetzige Arbeit und für alle Zukunftspläne. Da wäre ich gerne dabei, aber nun wohne ich nicht mehr in München und reise nur noch selten. Wenn ich mir etwas wünschen dürfte, dann wäre es, dass unser Figurentheater von damals mit seinen vielfachen Ideen weiter leben könnte, und dass die Bilder, Klänge und Figurationen sich weiter entwickeln könnten und wie eine Blume oder ein Baum Verzweigungen aller Art zu Tage treten ließen.
Ich erinnere mich an eine Anzahl von ereignisreichen Darbietungen, Geburtsstunden und Reifeprüfungen und auch viel Vergnügen, und ich bin stolz darauf, dass wir gemeinsam eine neue Musiktheatergattung entwickelt haben.

Rosemarie Dinkel, hier als Protokollantin während der Biennale, schreibt im März 2010:
Was Puppenspiel – oder weit zutreffender Figurentheater jedoch in seinen vielen Facetten sein kann, lehrten mich die Vorbereitungswochen zu dem von Hans Werner Henze im Rahmen der Münchener Biennale initiierten Figurentheater Projekt in den frühen 90er Jahren. Koordination der so unterschiedlichen Teilnehmer und Gesamtleitung lagen in den Händen von Susanne und Stefan. Die Protokolle, die ich über die Entstehungsprozesse der vielfältigen technischen, künstlerischen, musikalisch-kompositorischen Arbeitsweisen etc. während der Symposien verfassen durfte, waren eine gern angenommene Herausforderung: Begegnungen mit Menschen verschiedener Altersgruppen und (künstlerischer) Herkunft, Begegnungen mit den „Protagonisten", von der Handpuppe bis zur Stabpuppe, zum Schattenspiel und den Klangfiguren – welch weiter Bogen eines Mediums, in dem sprachlos, „Figur – Geste – Klang eine magische Verbindung" eingehen sollten, so die Forderung Henzes zu den Zielen des Gesamtprojektes. Spannend und lehrreich, Augen und Ohren nicht nur für das Medium „Figurentheater" öffnend, empfinde ich bis heute die Begegnungstage in den weiten Räumen der Frohschammerstraße.

Sigrid Maurice, ehemalige Studentin an der Marionettenschule der Biennale und Autorin von „Die Nase", schreibt am 6. Februar 2010:
Dass ein Buch über Euch entstehen wird, gefällt mir sehr: Für die, die nach Euch kommen, ist es wichtig, wenn Euer Mut, Euer Einfallsreichtum, Eure

unerschöpfliche Kreativität und Eure Erfolge dokumentiert werden! Außerdem wird es mir eine große Freude sein, Stefans wunderbare Puppen immer, wenn ich möchte, im Bild anschauen zu können und mich zu erinnern an erstaunliche, witzige, schöne Aufführungen...

Ihr wart meine geduldigen, kenntnisreichen Lehrer bei der Münchener Biennale Moderner Musik. Es war eine erste intensive Begegnung mit professionellem Figurentheater. – Und dann war ich so glücklich, Euch näher kennen zu lernen und mich mit Euch zu befreunden.

Ich habe höchste Bewunderung für Deine Regieeinfälle, liebe Susanne, für Deine Texte und Dein großartiges Spiel, und, lieber Stefan, für Deine so einfallsreichen Figuren und für Deine Malerei, die intensiven, sensiblen Portraits z. B. ...

Und für Euren Fleiß – ob der Tag für Euch mehr als 24 Stunden hat? Ich danke Euch für alles, was ich durch Euch lernen konnte und für Eure Freundschaft!

Sohn Jakob schreibt im März 2010:

...Dann kam die Münchener Biennale, die ich erst als 16-jähriger und ebenso zwei Jahre später mitverfolgen konnte. Bei einem Seminar mit Hans Werner Henze habe ich dann sogar das Kegelstatt-Trio von Mozart mit aufgeführt. Die verschiedenen Werke von Komponisten unterschiedlichster Couleur, haben mir damals das Tor zur Vielfältigkeit moderner Musik und neuen Musiktheaters geöffnet.

Ingmar Thilo und Manuela Clarin, Münchner Galerie Theater, schreiben im Januar 2010:

Den Puppet Players und der Münchener Biennale ein ganz und gar unwissenschaftliches Dankeschön.

Das Figurentheater der Münchener Biennale – das war Hans Werner Henze mit seiner Leidenschaft für wesentlichen Ausdruck – und das waren Susanne Forster und Stefan Fichert mit ihrer Leidenschaft für Kunst und Puppenspiel. Wir haben da unvergessliche Eindrücke gewonnen: Lysistrata, der Pegasus auf der Terrasse, das Cello, Henzes Sonnenhüte für jeden Gast, und wir waren wohl an die zwanzig. Was für eine Gastfreundschaft! Und auf der Rückfahrt von Rom fröhliches Singen mit Anna im Auto. Und natürlich Montepulciano. Fast ein ganzes Jahr harte Arbeit mit Martin Prochaska und dann die Uraufführungen in der Black Box. Jörg Widmann, unser „Mozart", damals 21 Jahre, Peter Geierhaas in Rauch gehüllt, Lucia Rochetti über den Dächern von Rom. Das Münchner Galerie Theater ist ohne das alles gar nicht zu denken. Ihr hinterlasst nicht nur Spuren, Ihr habt viele, viele Kinder. Unser Theater ist eines davon.

Symposium von Hans Werner Henze zur Planung
neuer Projekte mit Komponisten, Bühnenbildnern,
und Studenten der Marionettenschule
(Foto: Regine Koerner)

Team der Marionettenschule von hinten nach vorne :
Christian Schmidt, Claus Guth, Andreas Hartl, Stefan Fichert,
Susanne Forster, Marcus Schneider, Sabine Kranzow,
Wolfgang Jelend, Marianne Krieger, Theda Klages,
Martin Prochaska, Sigrid Maurice, Susanne Rauch,
Susanne Kramer, 1990
(Foto: Regine Koerner)

Hans Werner Henze beim Unterricht, Musikanalyse, 1992

Marcus Schneider und Wolfgang Jelend beim
Experimentieren mit Figuren aus gefaltetem Papier
für „Die Weiße Schlange", 1990

Rechts:
Szene aus „Die Weiße Schlange", 1990
(Foto: Regine Koerner)
(Regie: Claus Guth, Ausstattung: Christian Schmid)

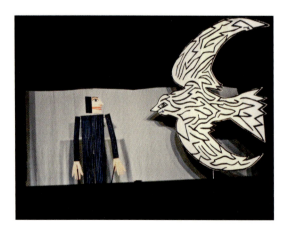

Linke Seite
Oben: Straßentheater „Die vier Himmelsrichtungen" auf dem Platz vor dem Gasteig,
München, 1994 (Figuren: Mirta Monge)
Mitte links: „Vorübergehend Geschlossen" („Lysistrata"), 1992
Mitte rechts, unten links: Szenen aus „Peter Schlemihl", 1992 (Ausstattung: Helga Jahnke)
Unten rechts: „Judith und Holofernes" mit Regisseur Andreas Hartl

Rechte Seite
Szene aus „Peter Schlemihl", 1992 (Ausstattung: Helga Jahnke)
(Alle Fotos: Regine Koerner)

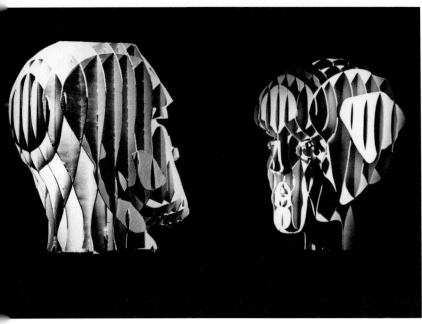

Diese Seite: „Judith und Holofernes"
(Ausstattung: Hans-Jörg Hartung)

Rechte Seite: „Vorübergehend Geschlossen"
(„Lysistrata"), 1992
(Alle Fotos: Regine Koerner)

vor der Akropolis

DER KAMPF

Achtes Kapitel

LYSISTRATA – UNSER ERBE DER BIENNALE

Neben der Leitung der Marionettenschule und der intensiven Betreuung der Musiktheater-Projekte, konnten wir in diesem Rahmen, wie schon erwähnt, auch zwei eigene Produktionen realisieren, „Vorübergehend Geschlossen" alias „Lysistrata" (1992) und „Die Nase" (1994), letztere ein Handpuppenspiel, erstere eine Klangfiguren-Inszenierung.

Schon lange Zeit hatte Stefan den Plan, eine neue, selbstklingende Figurenart zu entwickeln. Aber es fehlte an der passenden Gelegenheit. Hier nun, im Figurentheater der Biennale waren Innovation und künstlerisches Risiko nicht nur geduldet, sondern erwünscht. Die Klangfiguren konnten verwirklicht werden!

Die ursprüngliche Inspiration kam durch die Begegnung mit afrikanischen Volksinstrumenten: Bogen- und Winkelharfen, Zithern und Fiedeln, Schlitztrommeln, Rasseln und anderes Schlagwerk. Sie alle sind nicht nur Instrumente, sondern zugleich auch Skulpturen, Darstellungen von Geistern, Dämonen, Tieren, Menschen – sie sind, kurzum, Klangfiguren, und diese wollte Stefan in einen dramatischen Kontext stellen und auf die Bühne bringen.

In einem zeichnerischen „brain-storming" lotete er zunächst einmal aus, welche Art von „Instrumenten" überhaupt für unsere Zwecke in Frage kamen. Dabei war von größter Wichtigkeit, dass die Erzeugung der Klänge sichtbar blieb und damit die Synchronität von Klang und Bewegung deutlich wurde. Drei „Instrumenten"-Gruppen stellten sich als besonders geeignet heraus: Resonanzkörper mit gezupften oder gestrichenen Saiten, wie Harfen und Fiedeln; Schlaginstrumente mit Fellen, Blechen, Rasseln, Schnarren usw. und „Blasinstrumente", d.h. von Blasebälgen sichtbar betriebene Tröten, Pfeifen, Flöten, Harmonikatöne u.ä. Mit der Beratung eines versierten Intrumentenbauers konstruierte Stefan die ersten Prototypen. Allerdings verlangen spezifische Klänge und Klangerzeugungen auch nach bestimmten Materialien. Styropor und Schaumstoff klingen nicht. Stahlsaiten üben einen Zug von mehreren Kilogramm aus. Das daraus resultierende Gewicht und die Schwerfälligkeit der Figuren bestimmen natürlich auch ihre Animation. Dies muss kein Übel, sondern kann im Gegenteil eine Tugend sein. Ein höheres Maß an Abstraktion in der Bewegung unterstreicht die skurrile Vitalität dieser Kunst-Wesen.

Entwurf für eine Klangfigur

Aus dem Storyboard für „Lysistrata"

Kurze Szenen wurden erarbeitet. An Stelle einer Partitur verwendeten wir Wortfetzen und Nonsens-Sprache, zum Beispiel Gedichte von Ernst Jandl. Die Möglichkeiten, vor allem aber die Grenzen der Figuren zeichneten sich schnell ab. Analog zu den eher ungeschlachten Bewegungen waren auch die Klänge und Töne dieser Figuren von Zufälligkeiten, Rauheiten und Unschärfen geprägt, und sie waren vor allem eines: komisch. Auch wurde deutlich, dass sie eine musikalische Stütze von außen benötigten – so wie die Sänger auf der Opernbühne das Orchester brauchen – zumal wenn sie, wie geplant, einen größeren dramatischen Spannungsbogen halten sollten.

Als nächstes wurde ein Text gesucht. Komisch sollte er sein und eindeutig, einen deutlichen Konflikt enthalten und starke Kontraste. Und aktuell sollte er auch sein. Fündig wurden wir in der Antike bei Aristophanes: „Lysistrata" – die Geschichte von den Frauen, die sich ihren Männern sexuell verweigern, um sie vom Kriegführen abzubringen. Henze war sofort einverstanden. Susanne, die die Regie übernahm, machte sich ans Libretto, und Stefan ging zurück an Zeichenbrett und Werkbank.

Ein halbes Jahr später war Premiere. Dazwischen lag, wie üblich, ein steiniger Weg. Am Anfang dieses Weges standen die Klangvorstellungen. Aus diesen heraus entwickelten sich assoziativ die gestalterischen Ideen: Der Klang wird zum Zentrum der Figur und damit auch zum visuellen Schwerpunkt, zur optischen und akustischen Mitte. Um dieses Zentrum gruppieren sich figürliche Elemente – ein Kopf, ein Schulterstück, eine Hand usw., also einzelne visuelle, von der Dramaturgie geforderte Signale, die sich im Zuschauer zu einem Gesamtbild verdichten. Die Abstraktion der Figuren ist daher nicht formal-ästhetischer Herkunft, sondern bedingt durch ihre klangliche Funktion.

Beim Spiel greifen Klang und Bild, bzw. Klang und Bewegung ineinander und bedingen sich gegenseitig. Deutliche Gesten, kurze Affekte, Wandel der räumlichen Konstellationen, Stille und Tempowechsel – immer zugleich auch Klang – erzählen die Geschichte. Konkret für „Lysistrata" hieß das: Ein kurzes, abruptes Kopfschütteln bei den Frauen lässt die Rasseln ertönen, geschwätzig, empört oder neugierig. Die Muscheln sprechen durch ihr Öffnen und lautstarkes Schließen eine deutliche Sprache. Versöhnlich rotiert die „Hüftscheibe", und lässt die Violinsaiten des Unterleibs streichend einen Dreiklang ertönen. Ein Kippen der Körperachse signalisiert je nach Richtung Ab- oder Zuneigung. Schnarrend fahren die Männer auf die Bühne. Ihre Beine bilden die Speichen eines Rades. Mit dem Trommelschlägel schlagen sie ihre Brustkorb-Trommeln und wiegen dabei das Schulter-Joch vor und zurück. All dies sind keine menschlich-analogen Bewegungen, und doch sind sie verständlich.

Die Spieler dieser Klangfiguren sind keine Musiker, die nach einer Partitur spielen. Aber sie müssen lernen, genau aufeinander zu hören und emotionale Energie in die zur Verfügung stehenden Klänge umzusetzen. Die ungeschriebene Partitur des dramatischen Klangteppichs muss jeder Mitspieler im Kopf, im Ohr und in den Fingern haben. Das erfordert Training und Erfahrung, die auch wir uns erst langsam aneignen mussten.

Es gibt jedoch eine geschriebene oder zumindest festgelegte Partitur für die Musiker, für das „Orchester" in dieser „Oper ohne Worte". Dies ist eine zweite, gleichberechtigte Ebene, welche die von den Figuren kommenden rudimentären Klänge zu einem musikalischen Kontinuum verschmilzt, entweder stützend oder kontrapunktisch – eine Art musikalischer Horizont, vor dem die einzelnen Klanggeschehnisse der Figuren zu gesteigerter Wirkung kommen.

Bei der Biennale 1992 übernahm diese Rolle ein Ensemble von drei Schlagzeugern, nach einer Partitur, komponiert von Florian Heigenhauser. Noch im gleichen Jahr entschieden wir uns, „Lysistrata" in unser eigenes Repertoire zu übernehmen. Um daraus ein volles Abendprogramm machen zu können, brauchten wir einen weiteren Programmteil. Mit George Speaights alten viktorianischen Marionetten inszenierten wir die gruselige viktorianische Kriminalgeschichte „Murder in the Red Barn". Dieses Doppelprogramm boten wir unseren Veranstaltern unter dem Titel „Victoria – Lysistrata" an. Da wir ohne gesprochene Sprache auskommen wollten, benutzten wir Untertitel wie im Stummfilm, die wir dann auch gegebenenfalls in andere Sprachen übersetzen konnten. Aber es fehlte uns noch die Musik.

Als Susanne im Fasching zu einem Tanztee ging, saß vorne in Walter Erpfs Salon Orchester „La Rose Rouge" eine junge Akkordeonspielerin. Sie könnte, so die Überlegung, doch die musikalische Begleitung übernehmen, ohne dass wir die ständigen Schereien mit dem zu stimmenden Klavier oder mit den acht zusammen zu trommelnden und unbezahlbaren Philharmonikern hätten. Susanne ging in einer Tanzpause zum Leiter des Orchesters und bat ihn, seine Akkordeonspielerin fragen zu dürfen, ob sie Lust hätte, hin und wieder bei uns mitzuspielen. Natürlich, meinte er, die weiß schon, was sie will und wird es euch sagen. Also sprach Susanne sie an. Sie fragte zurück „Puppet Players"? Ohne Zögern sagte sie zu und erschien eines Morgens zu einer Probe bei uns in der Werkstatt. Das war Maria Reiter. Jung, schön und virtuos. Sie kam, sah und siegte.

Durch Improvisation fand Maria im Nu passende Klänge zu unserem Spiel. Nun konnten wir die Einladung zum renommierten Festival

Maria Reiter
(Foto: Christoph Hellhake)

in Charleville-Mézière annehmen. Dort erfuhren wir, dass unser Auftritt für 23 Uhr angesetzt war. Wir waren verzweifelt: Wer kommt nach einem vollen Festivaltag, dessen Vorstellungen schon um 10 Uhr früh begonnen hatten, nachts um 23 Uhr noch zu uns? Aber sie kamen. Der Saal war voll besetzt. Sie gingen auch nicht in der Pause, sondern warteten geduldig, bis wir Bühnenbild und Puppen gewechselt hatten. Am Ende: Großer Applaus!

Als wir hinter der Bühne dann anfingen unsere Marionetten in ihre Säcke einzubinden, wurde Susanne nach vorne gerufen. In verschwitzten Arbeitsklamotten stand sie vor einer langen Schlange Leute, die sich freudig strahlend zu einer Traube um sie sammelten. Alle waren begeistert und wollten unser Programm für ihre Festivals in Italien, Spanien, Portugal, Ungarn und Brasilien haben. Sie wollten Info-Material, um Gastspielverhandlungen mit uns aufnehmen zu können. Susanne stand da mit leeren Händen. Wir hatten noch kein Programm gedruckt und Visitenkarten hatten wir auch nicht. So bat sie um Adressen, damit sie ihrerseits Kontakt aufnehmen könne. Manche kritzelten das Datum ihres Festivals auf Zettel, andere, die kein Kärtchen hatten, schrieben ihre Adresse auf lose Kalenderblättchen. Susanne stopfte alles in ihre Hosentasche und wir schämten uns ob des höchst unprofessionellen Umgangs mit unseren geschäftlichen Interessen, hatten wir doch gesehen, wie andere Gruppen schon vor ihrer Aufführung Hochglanzbroschüren auf die Plätze verteilt hatten. Trotz dieser Publicity-Pleite kamen zwischen 1993 und 1998 Gastspiele nach Italien, Spanien, Ungarn, Slowakei und Brasilien zustande – also ziemlich flächendeckend zwischen Budapest und São Paulo, Husum und Rom. „Victoria – Lysistrata" erhielt überall ausgiebigen Beifall, wobei Maria auf der Bühne mit ihrem wunderbaren Spiel sicherlich einen Großteil zum Erfolg beigetragen hat.

Von diesen vielen Reisen bleiben Erinnerungsfetzen, wie z.B. ein verschneites Wäldchen auf der Fahrt nach Zaragossa, wo wir zur Mittagspause unseren Mitspieler Konrad Wipp zu seinem Geburtstag am 15. Dezember mit Kuchen, Kerze, Gesang und einem Sekt aus Pappbechern überraschten.

Nach einem dreitägigen Gastspiel in Segovia, hatte der Veranstalter noch immer kein Honorar für uns. Susanne konnte nicht mit der Truppe im Bühnenauto fahren, sondern musste sich auf den Rücksitz des Motorrads unseres Veranstalters setzen, um zur Geldquelle zu gelangen. Mit vollen Taschen folgte sie unseren Leuten mit der Eisenbahn nach.

Ein Picknick bei herrlichem Sommerwetter am Zaun einer Weide, wo die prächtigen schwarz glänzenden Kampfstiere schnaubend an uns vorbei galoppierten. Noch wussten sie nichts von ihrem Ende in der Arena.

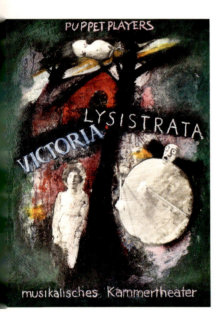

Plakat für „Victoria – Lysistrata", 1993

In Budapest kam ein bekannter englischer Puppenspieler nach der Vorstellung auf uns zu und sagte: „You are best in Budapest." So etwas hört sich natürlich gut an und wird erinnert.

Ja, und dann Brasilien: Es flogen, außer Susanne und Stefan, Hildegard Braun, Maria Reiter, Wolfgang Kagerer und Konrad Wipp. Eingeladen waren wir von SESC, einer Organisation, die in ganz Brasilien Zentren für Sport und Kultur gegründet hatte. Zu diesen wurden wir Puppenspieler meist im Flugzeug transportiert, während Bühne und Puppen im Lastwagen gebracht wurden. Die erste Aufführung war in São Paulo. Die Schnellstraße vom Flughafen war gesäumt von Favelas aus Wellblech und Pappe. In den „besseren" Gegenden der Riesenstadt hätte man meinen können, wir wären im Zoo gelandet, denn jedes Grundstück, jedes Haus war von drei Meter hohen schwarzen Gitterstäben umgeben und von bewaffneten Sicherheitskräften bewacht. Dahinter schimmerten wohl gepflegte Gärten mit betörend duftenden exotischen Pflanzen. Dennoch, überall war Musik. In den ärmsten Gegenden trafen wir Männer auf dem Boden sitzend, die mit Streichholzschachteln lachend die Samba-Rhythmen spielten. Daneben ein kleines Mädchen, das unter Tränen im ausgestreckten Händchen eine Zitrone an die Vorübergehenden feil bot. Buben mit Schuhputzkästen auf dem Rücken balgten sich um Kunden, die zu der Zeit fast ausnahmslos Sandalen trugen. In Curitiba rannte ein ca. neunjähriges Mädchen zu Koni, sprang an ihm hoch, umarmte ihn stürmisch und küsste ihn. Sie flüsterte in gebrochenem Englisch in sein Ohr, dass sie für ein paar Dollar bei ihm bleiben würde.

Susanne hält sich im aufregenden Brasilien an einer Palme fest.

Bald war unsere Truppe in den SESC-Zentren als „Las Pinguinas" bekannt, weil wir, kaum angekommen, in ihre Schwimmbecken tauchen wollten. In dieser Jahreszeit dachten die Brasilianer noch gar nicht ans Schwimmen. Bevor wir jedoch ins Becken durften, mussten wir uns einer ärztlichen Untersuchung unterziehen. Es waren wohl ansteckende Hautkrankheiten, die besonders gefürchtet waren. In Brasilia, der künstlichen Regierungsstadt in der Savanne, wo wir zwar nur zwei Vorstellungen zu geben hatten, aber eine ganze Woche verbringen sollten, wurden wir eines Morgens zu einem Ausflug abgeholt. Im Kleinbus wurden wir an eine zauberhafte, exklusive Badestelle im Dschungel gebracht, wo ein gemauertes Becken von einer Quelle gespeist wurde. Kokosmilch und Rohrzuckersaft wurden geboten, und viele kleine Äffchen turnten in den Bäumen über uns. Blitzschnell sprangen sie herab zu uns, sobald wir irgendwelche Essensreste auf dem Tisch liegen ließen. In dieser stillen, unberührten Natur fühlten wir uns wie im Paradies. Nur Koni bekam einen Koller. Er konnte das Privileg, die Exklusivität, die Fremde nicht ertragen und dachte an die vielen Armen, die wir gesehen hatten, die nicht an diesen schönen Ort kommen durften. Traurig saß er in der Ecke und war froh, als wir wieder abgeholt wurden und in unseren Hotelzimmern waren. Am Abend lud er uns zu sich ein und las uns bayerische Nonsens-Geschichten vor, die er in seinem Rucksack mitgebracht hatte. Da lagen wir in Brasilia auf seinem Bett im Hotel, das Tag und Nacht von einer sechsspurigen Stadtautobahn umtost war, und hörten meisterhaft vorgetragene Geschichten aus der Heimat. Viel Gelächter!

Die Luftfeuchtigkeit in São Paulo war so ungewohnt hoch, dass Marias Akkordeon seinen Dienst versagte. Die Knöpfe blieben stecken. Es wurde aufgeschraubt und mit einem 5-Kilowatt-Scheinwerfer bestrahlt – eine kurzfristig erfolgreiche Therapie. In Brasilia gab es große Probleme mit der Elektrizität. Im riesigen, bestens ausgestatteten Nationaltheater gab es keine Möglichkeit, unsere Lichtanlage separat anzuschließen, alles sollte vom hauseigenen Stellwerk reguliert werden. Da aber Hildegard Braun, unsere Beleuchterin, neben dem Bedienen der Lichtanlage auch Handreichungen mit Puppen ausführte, musste sie nah bei uns bleiben, und wir waren auf einen separaten Anschluss angewiesen. Stefan nahm alle seine Kenntnis elektrischer Einrichtungen zusammen und konstruierte in letzter Minute halsbrecherische Kontakte, ohne Sicherung. Sie hielten eine Weile, aber nicht bis zum Ende der Vorstellung. Es fielen zum Verständnis wichtige Untertitel aus. Die „Hautevolee" des Goetheinstituts und der Kulturbehörde von Brasilia waren da. Der Applaus war nicht überschwänglich und wir waren deprimiert, unsere Arbeit nicht im besten Licht gezeigt zu haben. Spät nach dem Abbau waren wir noch von einer Gruppe Jugendlicher auf eine Party eingeladen worden. Dort gab es aber für uns Hungrige nichts zu essen, sondern nur eindringlichen Marihuanarauch, der die Räume und Gehirne unserer Gastgeber bereits vernebelt hatte. So mussten wir auf den nächsten Morgen warten, wo uns im Hotel das großartige Frühstück mit exotischen Früchten und Yoghurt und alle Arten von Backwaren am Buffet kredenzt wurde.

In Brasilia sollte uns auch das gesamte Honorar für alle Aufführungen ausbezahlt werden. Laut Vertrag sollten wir dieses in US-Dollar erhalten, hatten es aber bislang nur in der nicht konvertierbaren Landeswährung bekommen. Um diese umzutauschen, wollte die Veranstalterin mit Susanne zu einem einschlägigen Geldinstitut fahren. Susanne erinnert sich: Ich wurde im Auto abgeholt, und wir fuhren durch Brasilias Prachtstraße an einer opulenten Bank nach der anderen vorbei. Dort, dachte ich, würden wir die Geldgeschäfte zu erledigen haben, aber nein. Wir fuhren bis in die Außenbezirke, wo nur noch Favelas an uns vorbei glitten. Schließlich kamen wir an einen kleinen Markt aus offenen Holzbuden. Da hielt unser Auto. Meine Begleiterin wies mich an, einfach hinter ihr herzulaufen. Unser Auto fuhr davon, und sie ging zwischen den Auslagen von glitzernder Nylon-Reizwäsche auf die hintere Wand des Holzverschlags zu. Unvermutet bog sie nach rechts und stieg eine steile, enge Treppe hinauf, die man von vorne weder sah noch vermutete. Oben war eine schmale Eisentür, dahinter zwei Stühle und ein winziges, halbrundes Schalterfenster. Meine Begleiterin sprach gebeugt durch das Halbrund mit einem unsichtbaren Gegenüber. Nach längerem Palaver wurde ich aufgefordert, das Geld zu übergeben. Ich schob es in zwei Portionen durch den Schlitz unter dem Guckloch. Schließlich erschienen zwei fleischige Hände und zählten geübt eine große Anzahl Hundertdollarscheine vor. 14 000 Dollar mussten es werden. Sie wurden es, und gebündelt steckte ich sie, zuunterst in meinen Regenmantel gewickelt, in meinen Rucksack. Ich war erleichtert, wusste ich doch, dass ich nach drei weiteren Tournee-Stationen unsere Truppe zuhause würde ausbezahlen können. Zurück in Gauting ging ich sofort zu unserer Sparkasse und wollte die Dollars in D-Mark umtauschen. Da hieß es, viele Blüten von Hundertdollarscheinen seien im Moment im Umlauf, und ich müsse sie erst in München von einer speziellen Bank prüfen lassen. Nun hatte ich diese 14 000 Dollars unbeschadet in meinem Regenmantel nach Hause gebracht, und sie sollten gefälscht sein? Katastrophe! In meiner Not rief ich Maria an und erzählte von meiner Befürchtung. Sie sagte: „Natürlich könnte ich das Geld gut gebrauchen, aber wenn es wirklich ungültig sein sollte, dann mach Dir wegen mir keine Gedanken, wir hatten ja eine abenteuerliche Zeit, und das ist schließlich auch was wert." Mit entkrampftem Herzen fuhr ich nach München, wartete eine Stunde in besagter Bank bis die 140 Scheine mit einem Spezialgerät untersucht waren – alle waren in Ordnung. Seufzer der Erleichterung!

Hildegard Braun schreibt im Januar 2010:
Brasilien. Im Rahmen unserer Brasilientournee (1997) besuchten wir auch die Hauptstadt Brasilia, um dort zu spielen. Diese Stadt ist erstens auf dem Reißbrett und zweitens nicht für Fußgänger konzipiert. Es gibt schnurgerade verlaufende Straßen mit Gebäuden, die sich mehr als ähnlich sehen. Straßen sind in einer Richtung mindestens zweispurig angelegt. Außerdem gibt es keine Fußgängerampeln, sodass man kaum eine Chance hat lebend auf die andere Straßenseite zu gelangen. In der Tat sind Unfälle im Straßenverkehr die Todesursache Nummer eins in Brasilien, wie man uns erzählte. Unser Hotel lag über einer Kreuzung einer derart verlaufenden Straße. Bei einfach verglasten Fenstern hatten wir das Gefühl mitten im Getümmel zu sein. Unweit davon gab es eine kleine grüne Insel mit einer Bar, in der wir das damals noch unbekannte Getränk Caipirinha kennenlernten und als Rückzugsmöglichkeit genossen.

Im Land Brasilien gibt es Kulturzentren, die es sich zur Aufgabe gemacht haben, möglichst viele Kinder von der Straße weg zu holen und sinnvoll zu beschäftigen. Das Programm, aus einer Mischung von sportlichen und kulturellen Angeboten bestehend, wird öffentlich finanziert. Jeder verdienende Bürger bezahlt 1,5 % seines Gehaltes als Basis für diese Arbeit. Diese Zentren sind wahre Inseln inmitten des Elends und der Armut. Der Gedanke, dass man durch die eigene Vorstellung einen winzigen Beitrag zu diesem kulturellen Anliegen leistet, relativierte die luxuriöse und keineswegs notwendige oder von uns erwartete Unterbringung in hochkarätigen Hotels ein wenig.
Unser Programm – Victoria/Lysistrata – mit portugiesischen Untertiteln erfuhr große Wertschätzung und Anerkennung.

Brasilia, die künstliche
Hauptstadt des Landes

Unten und rechte Seite:
Aus dem Storyboard für „Lysistrata"

Linke Seite
Oben: Das Kind aus „Lysistrata"
Unten: Maria Reiter vor der Bühne

Diese Seite
Links: Chor der Frauen aus „Lysistrata"
Unten: Die Frauen mit entblößtem Körper

Nächste Doppelseite:
Lysistrata und der Ratsherr

Oben: Die Männer rücken an –
aus „Lysistrata"

Rechte Seite:
Lysistrata bewacht das Versteck der Frauen

Neuntes Kapitel

SCHAUSPIEL GEWINNT AN GEWICHT
„Der Weiße Dampfer" mit Bodo Bühling

Nach der Wende in den frühen 90er Jahren erreichte uns Literatur aus den ehemaligen Sowjetrepubliken, der wir vorher nicht begegnet waren. Dazu gehörten auch die eindringlichen Erzählungen von Tschingis Aitmatow. Insbesondere die bewegende Geschichte „Der Weiße Dampfer" drängte danach, auf die Bühne gebracht zu werden. Sie erzählt von dem Schicksal eines siebenjährigen Waisenjungen, der bei seinem Großvater in einer einsamen Försterei aus Märchen, Sehnsüchten und Tagträumen sein kleines Universum erschafft, das er immer schwerer mit der Wirklichkeit in Einklang bringen kann. Unschwer ließ sich die Vorlage in sechs Szenen gliedern und in eine Bühnenversion ausarbeiten. Die Bühne selbst war für Tischfiguren gedacht. Sie war als Bild konzipiert: die Darstellung des Issikul, eines kirgisischen Sees, Ort des Geschehens. Dieses Bild war angeordnet wie ein Triptychon. Der mittlere Bildteil ließ sich öffnen und gab den Blick auf das dramatische Geschehen frei. Unsere Tochter Anna, damals 17-jährig, und obwohl schulisch sehr gefordert, wollte die Geschichte erzählen und den Protagonisten, den kleinen Jungen, sprechen. Wir Eltern übernahmen das Figurenspiel und entwickelten dafür eine Nonsens-Sprache, die dazu beitrug, die Entfremdung zwischen der Hauptfigur, dem kleinen Jungen, und der ihn umgebenden harten Welt der Erwachsenen zu verdeutlichen.

Wir suchten einen Regisseur, der sensibel mit diesem Konzept umgehen konnte. Der Schauspieler B o d o   B ü h l i n g war als Theaterleiter und Sprachgestalter an die Waldorfschule in München an der Leopoldstraße berufen worden. Unsere beiden Kinder besuchten diese Schule, Anna genoss Bodos Unterricht und hatte großes Vertrauen zu ihm gefasst. Kurz entschlossen fragten wir ihn, und er willigte ein. Er setzte an einer Stelle an, die wir zunächst für gar nicht so wichtig hielten. Wir wollten erst einmal die ganze Struktur des Stückes als praktische Arbeitsgrundlage festlegen und dann an interpretatorische Einzelheiten gehen. Bodo dagegen verlangte von Anfang an sprachliche und gestische Wahrhaftigkeit. Wir waren irritiert und meinten, das käme dann von selbst, wenn wir nur wüssten, wann und wo unsere Tischmarionetten zu erscheinen hätten, wann und wo die Requisiten, wann der bemalte Vorhang heruntergelassen würde etc. Wir mussten uns umstellen. Bodo behandelte uns wie Schauspieler und wollte mit unseren technischen Problemen zunächst wenig

Bodo Bühling,
Regisseur von
„Der Weiße Dampfer",
1996

Gesicht des kleinen Jungen aus Tschingis Aitmatows „Der Weiße Dampfer" zu tun haben. Wir gaben nach – und erlebten, dass das, was wir mit diesem Stück unserem Publikum sagen wollten, uns immer deutlicher wurde und immer tiefer in unsere Herzen sank. Auf dieser Grundlage ließen sich dann auch die technischen Probleme lösen. Diese Vorgehensweise war neu für uns. Es ging also auch anders herum, als wir es bislang gemacht hatten. Bodo entdeckte gnadenlos jeden falschen Ton und übte so lange, bis wir unsere Rollen innerlich verstanden hatten. In unserer Nonsens-Sprache konnten wir frei von Wortbedeutungen die Emotionen unserer Figuren ausdrücken. Es begann als Experiment und wurde ein Meilenstein in der Entwicklung unseres Sprechens auf der Bühne. Anna hatte zwar großes Lampenfieber vor jeder Vorstellung, absolvierte sie aber immer mit Intensität, Überzeugungskraft und Anmut. Wir erachten dieses Stück als eines unser gelungensten, unser feinsten und eines, dass unserem Stil des Puppenspiels und unseren Herzen am nächsten kommt.

Zur Zeit unserer Aufführungen 1997 war Tschingis Aitmatow zusammen mit seinem Übersetzer Friedrich Hitzer gerade auf Lesetour in Bayern. Für unser Programmheft hatte er bereits eine Widmung in kyrillischer Schrift verfasst. Darüber hinaus sagte er zu, nach Gauting zu kommen und sich eine Vorstellung anzuschauen. Er verlangte, dass eine Schulklasse mit ihm in den Zuschauerraum eingeladen würde. Das war eine peinvolle Prüfung für uns, vor allem aber für Anna, die vor der Bühne agierte. Aitmatow und Hitzer hatten sich verspätet. Die Schüler waren bereits unruhig vor der Vorstellung. Sie hatten nicht das Gespür für den poetischen und tragischen Gehalt des Stückes und machten Blödsinn. Gott sei Dank saßen sie hinter Aitmatow. Dieser hatte freien Blick auf die Bühne. Er war von der Vorstellung angetan und sprach am Ende zu den Schülern. Er erzählte von einer Begegnung mit einem kirgisischen Studenten an einer chinesischen Universität. Dieser sei auf ihn zugelaufen und habe gerufen: „Schau, hier bin ich! Ich bin der kleine Junge aus dem „Weißen Dampfer". Ich bin nicht ertrunken. Ich bin zu dir geschwommen, Ata."

Andi Rubinstein,
Erzählerin in
„O Barco Branco"
(Brasilien-Tournee 2000)

Wir spielten dieses Stück auf Festivals in Erfurt, Frankfurt/Oder, Stadt Brandenburg, Wiesbaden, Schweinfurt und 2000 dann mit einer portugiesischen Sprecherin, Andi Rubinstein, in Brasilien. Beginnend in São Paulo und endend in Canela gaben wir sechs Vorstellungen. Manche Zuschauer ließen sich auf den tiefen Ernst des Stückes ein, und konnten es in Beziehung setzen zur aktuellen Zerstörung des Regenwaldes am Amazonas. Im Allgemeinen aber mögen die Brasilianer Puppenspiel eher heiter, lustig und laut. Der „Barco Branco", obwohl sehr einfühlsam vorgetragen, hatte zu viele leise und tragische Töne für das Gros des Publikums.

Die wunderbare Vitalität und Spontaneität der temperamentvollen Brasilianer erlebten wir bei einem Workshop, den wir dort gaben. Mit

Lehrern und Puppenspielern erarbeiteten wir ein kleines Stück, in dem wir die historische Situation der Entdeckung Brasiliens durch Cabral, deren 500-jähriges Jubiläum gerade groß gefeiert wurde, einfach umdrehten: Was wäre passiert, wenn stattdessen die Indios in Portugal gelandet wären? Einfache Stabpuppen im Verein mit improvisiertem Gesang und Rhythmen ergaben eine bunte Show, in der sich die Brasilianer über ihren Eroberer lustig machen konnten.

Bevor wir wieder von Porto Allegre zurückflogen, soll noch von einem denkwürdigen Erlebnis berichtet werden: Am letzten Abend in Canela, einem Festivalort in den Bergen von Rio Grande do Sul, kam beim Abendessen unser Kleinbusfahrer an unseren Tisch. Er fragte uns, ob wir ihn in den Urwald begleiten würden, von wo aus man die Sterne ungestört von künstlichem Licht betrachten könne. Es war eine besonders klare Nacht. Natürlich wollten wir, und gaben ihm gleich eine kleine Summe Geldes als Dank für dieses Angebot. Ein Einheimischer kam an unseren Tisch und warnte uns: Dort, wo wir hinfahren wollten, seien im letzten Monat zwei Morde passiert. Wir aber schlugen diese Warnung in den Wind und fuhren auf einer Sandpiste durch den düsteren nächtlichen Urwald. Nach einer guten halben Stunde hielt unser Fahrer und führte uns auf eine Lichtung. Dort legten wir uns ins Moos und schauten in den Himmel. Ein Himmel, in dem wir kein bekanntes Sternbild erblickten, keinen Großen Bären, keinen Orion, keine Plejaden, alles fremdes, strahlendes Geflimmer, das uns blendete. So einen Sternenhimmel hatten wir noch nie erlebt. Unser Fahrer zeigte uns das Kreuz des Südens, das sagenumwobene Sternbild, das so viele Seefahrer beschrieben hatten. Jetzt glaubten wir, dass wir auf der anderen Hälfte der Erdkugel waren. Lange blieben wir liegen. Über uns wölbte sich die Kristallschale des Firmaments. Benommen rumpelten wir zurück über den Waldweg und tranken gemeinsam an der Bar noch still einen Caipirinha.

Tochter Anna schreibt:
Zum 17. Geburtstag schenkte mir dann meine Mutter eine Bühnenfassung von Tschingis Aitmatows „Der Weiße Dampfer". Damals wollte ich Schauspielerin werden und durfte in dieser Produktion dem kleinen Jungen, der Hauptfigur der Erzählung, meine Stimme geben. Das Schicksal des kleinen Jungen berührte und ergriff mich und meine Eltern gleichermaßen, sodass die gemeinsamen Auftritte auch immer ein sehr intensives Zusammensein waren. Mit den Sehnsüchten, Enttäuschungen und der Verzweiflung des kleinen Jungen, besonders aber mit seiner Frage, die er im Laufe des Stücks immer wieder angesichts der für ihn immer unverständlicher und auch grausamer werdenden Ereignisse in seinem Umkreis, stellte, konnte ich mich stark identifizieren: „Warum ist das so?"

Andi Rubinstein, brasilianische Erzählerin des „O Barco Branco", schreibt im März 2010:

Stefan and Susanne, my so very dear Puppet Players, quite a few memories are crystal clear on my mind:
The day I met Stefan on the Camino de Santiago,
The tears in my eyes when I first saw "The White Steamer",
The beat in my heart when I performed it in Brazil in the year 2000,
And, of course, the enchantment of Christmas at the Forster-Ficherts.
You inspire me, you guide me, you are a continuous source to which I turn.
It has been a joy to meet you and an honour to work with you.
So many words to describe you. A few of them are:
Talent, Dedication, Kindness, Generosity.
Once our paths crossed, my life changed forever. I thank you for that.
Congratulations on all you've done and best wishes for all there is still to come.
Much love,
um beijo grande,
Andi Rubinstein
"Brazilian Bubba"

Rechts:
Der kleine Junge und sein Großvater am Issyk Kul

Nächste Doppelseite
Links oben: Tschingis Aitmatow zu Besuch einer Vorstellung in Gauting, 1997

Links unten: Anna Fichert, Erzählerin in „Der Weiße Dampfer"

Rechts oben: Von links: Der gewalttätige Onkel Oruskul, der Großvater, der Junge

Rechts unten: Stefan Fichert, Anna Fichert, Susanne Forster mit den Figuren
(Foto: Georgine Treybal)

Der kleine Junge wartet auf seinen Vater

Zehntes Kapitel

ZURÜCK ZUM KINDERTHEATER
IN KLEINER BESETZUNG

„Dr. Dolittle", „Der Drachenfisch" und „Die Geburt"

Mit abenteuerlichen Auslandstourneen, mit Programmen für Erwachsene und mit Musiktheater-Experimenten konnten wir nicht genug verdienen. Eine stetige Einnahmequelle war nur mit Kinder- und Schulvorstellungen zu sichern. Das bedeutete, zwei, drei oder vier Mal pro Woche in der näheren Umgebung zu spielen.

„Doktor Dolittle und seine Tiere" von Hugh Lofting war nicht nur ein bekannter Kinderbuch-Klassiker, sondern auch ein geliebtes Vorlesebuch in unserer Familie. Stefan schlug es als neues Kindertheaterprojekt vor. Er entwarf Bühne und Puppen, während Susanne sich an die Dramatisierung des Buches machte. Die Handlung spielte in Doktor Dolittles Wohnzimmer in Puddleby auf der Marsch. Mittendrin stand das „lebensgroße" Klavier, das sich für die Tischfiguren zum Auftrittsort verwandeln ließ. Die Tiere waren nach den Illustrationen des Buches gefertigt. Konrad Wipp spielte den leibhaftigen Doktor in Frack und Zylinder, der für manche Szenen ein kleines Puppendouble hatte. Anne Frank, die wir auf der „Synergura", dem Erfurter Festival, bewundert hatten, kam hin und wieder nach Gauting und half mit der Regie. Wir spielten auf den Festivals in Husum, Schweinfurt und Erlangen, hatten viel Freude und Erfolg, und unser Puppet-Players-Laden lief wieder. Im „Norwich Puppet Theatre" und im „Little Angel Theatre", unserem Stammtheater in London, übernahm George Speaight die Rolle des Doktors. Damit war der liebenswerte Kauz dort, wo er eigentlich hingehörte. Dieses bewährte Dreier-Format: Stefan und Susanne führen die Puppen, und ein Schauspieler agiert vor der Bühne und erzählt die Geschichte, war vom Aufwand her und ökonomisch sinnvoll.

In einer weiteren Inszenierung gelang es uns sogar, das Ensemble auf zwei Mitglieder zu reduzieren. Das waren Ana Strack und Susanne. Susanne berichtet: Ana Strack, gewiss eine unserer frechsten, zupackendsten, vielseitigsten, inspirierendsten und genialischsten Mitarbeiterinnen brachte mir das Lieblingsbuch ihrer Kindheit: „Der Drachenfisch" von Pearl S. Buck. Ich nahm es mit auf einen einsamen Urlaub auf der Hallig Oland und schrieb abends, wenn die beleuchteten Dampfer über die See glitten, eine Adaption dieser Geschichte der Kinderfreundschaft zwischen einer Chinesin und einer Amerikanerin.

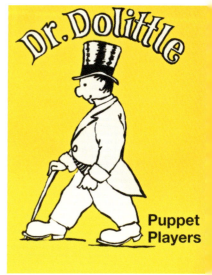

Plakat nach Hugh Loftings Zeichnung

Plakat für „Der Drachenfisch" (von Max Strack)

Diese erfüllen ein beim Abschied gegebenes Versprechen und begegnen sich Jahrzehnte später erneut. Als Kinder werden sie von Puppen dargestellt, als Erwachsene von uns beiden verkörpert. Anas Mann, Max Strack, bestens vertraut mit den Erfordernissen der Puppet Players, baute zusammen mit ihr eine kleine handliche „Damen-Bühne" und modellierte einen wunderschönen, transparenten Drachenfisch, Symbol dieser Kinderfreundschaft. Ana entwarf und stellte sehr schöne Bühnenbilder her. Für die Regie konnten wir wieder Bodo Bühling gewinnen. Ich, die ich mich immer so gerne als Puppenspielerin hinter den Kulissen versteckte, musste nun sichtbar erscheinen. Bodo ermutigte mich zu diesem ungewohnten Schritt und nahm mir die Scheu, bis ich mich schließlich sogar auf diese Auftritte freute.

Es wurde eine wirklich schöne und glückliche Aufführungsserie mit uns zwei Frauen. Ana steuerte leidenschaftlich gern das Bühnenauto und wir fuhren mit dem „Drachenfisch" in alle Himmelsrichtungen – auch bis nach London, wo wir wieder an unserem Stammtheater „The Dragonfish" auf Englisch spielten. Auch das meisterte Ana. Abends aß sie gerne blutige Steaks und rohe Zwiebeln und trank dazu Kaffee, während ich Reis bestellte und Rotwein trank – wir ergänzten uns also aufs Beste, eine harmonische Zweisamkeit. In Wiesbaden bekamen wir für den „Drachenfisch" von der Kinderjury, den sogenannten „Raben", den 1. Preis des Festivals. Im Rahmen des Programms „Theater+Schule" der Bayerischen Theaterakademie im Gartensaal des Münchner Prinzregententheaters spielten wir mit dem „Drachenfisch" eine Weihnachtssaison von acht Vorstellungen. Regine Koch und Marianne Brown, die Leiterinnen dieses Projekts, engagierten uns von da an jährlich in der Vorweihnachtszeit mit verschiedenen Inszenierungen – so auch mit dem Weihnachtsstück „Die Geburt".

Angeregt von dem Kinderwunsch einer Kollegin, der sich erst nach zehn Jahren erfüllte, und meiner Affinität zu allen bäuerlichen Themen, schrieb ich ein Textbuch zu einer zeitgemäßen Weihnachtsgeschichte. Sie gipfelt erwartungsgemäß in der glücklichen Niederkunft der Bäuerin am Weihnachtstag. Bodo Bühling übernahm wieder die Regie. Der Schauspieler G e r h a r d J i l k a spielte den Jungbauern Sepp und Ana die Bäuerin Marie. Ich übernahm alle Vierbeiner im Stall inklusive Ochs und Esel. Ich bedauerte, dass Ana sich während dieser erfolgreichen ersten Spielsaison zusehends anderen Interessensgebieten zuwandte. Die schöne Gemeinsamkeit des „Drachenfisch" ging zu Ende. Bodo wies die Absolventin des Stuttgarter Studiengangs Figurentheater, A n g e l i k a J e d e l h a u s e r, in die Rolle der Marie ein, und sie übernahm während der nächsten zwei Jahre die Weihnachtsvorstellungen. Dem Andrang der

Anfragen konnte ich kaum nachkommen. Jahre später, es war 2005, kehrte Ana noch einmal zu ihrer Rolle als Marie zurück. Den Sepp spielte jetzt Konrad Wipp, und „Die Geburt" erfreute sich nach wie vor großer Beliebtheit. Am Ende der letzten Vorstellung dieser Saison jedoch sprach mich eine Veranstalterin an und meinte, die beiden Schauspieler seien zwar sehr gut, aber fast ein bisschen zu alt für ihre Rollen. Puppen haben es da leichter, sie altern nicht.

Plakat für „Die Geburt"

Ana Strack schreibt im Mai 2010:
Nur ein Job blieb für mich tabu: den Tourneebus fahren… bis…
… Susanne ein Kinderstück mit nur zwei Spielern plante, um Stefan zum einen Freiraum für die Arbeit an neuen Stücken, zum anderen fürs Malen zu schaffen. Einen Sommer lang arbeitete sie an der Dramatisierung vom „Drachenfisch", einem Lieblingsbuch aus Kindertagen. Und Stefans nicht gerade euphorische Begeisterung, dafür außer den Puppen auch die Bühne zu bauen, verwandelte sie geschickt in eine neue, spannende Herausforderung an mich: „Ich baue das Stück, du die Bühne – because You Can!"
Inspiriert von Stefans extrem wandelbarer Bühne aus „Unter ٭ Ober ٭ König ٭ Sau", entstand ein „deutsch/chinesisches Paravent-Kleinod" mit dessen Hilfe Alice und Lan Mei den „Drachenfisch" finden und ihre multikulturelle Freundschaft besiegeln konnten. Die Frage danach, wer denn nun den Bus fahren sollte, schob Susanne, (die selbst keinen Führerschein hatte), geschickt über die Probenzeit hinaus. Der unbändigen Lust, auch diese letzte Bastion im vielfältigen Job-Angebot der Company zu nehmen, stand die Angst gegenüber: Was, wenn ich mit dem nagelneuen (!!!) Bus einen Unfall baue…? Wenn Stefan diese existentielle Sorge eines Tourneetheaters ebenfalls umtrieb, ließ er sie sich jedenfalls nicht anmerken. Im Morgengrauen luden wir den Bus, fuhren eine Testrunde im Gautinger Viertel, und ab ging es nach Dresden in eine mittelalterliche, grandios zum Kleinkunst-Paradies verwandelte Mühle, in deren Scheune wir unsere Bühne aufbauten. Würde der „Drachenfisch" funktionieren? Anders als bei früheren Stücken, gab es keinen Erzähler im klassischen Sinne mehr. Stattdessen ließ Bodos Regie uns beide mit den Figuren „verschmelzen" und Susanne, die sonst auf ihrer Position hinter der Bühne beharrt, ent-puppte sich im Wortsinne als flexible „Front-Lady" Alice: Nach 30 Jahren verabredet sie sich mit Lan Mei in einer chinesischen Teestube, die sich zum Schauplatz ihrer Erinnerung verwandelt. Stefan hatte geniale „Kinderportraits" geschaffen, die es uns ermöglichten, glaubwürdig zwischen Vergangenheit und Gegenwart, zwischen Puppen- und Schauspiel zu wechseln. Am Ende lässt der „Drachenfisch" als Bindeglied zwischen den Kulturen den Traum einer lebenslangen Freundschaft Wahrheit

werden, und jedes Kind bekommt zum guten Finale natürlich einen solchen Glücksbringer in Form eines Kärtchens mit nach Hause...
Und auch wir hatten Glück: Außer einer Schramme (beim Rückwärtsfahren aus der viiiiel zu engen Einfahrt...) brachten wir den Bus heil wieder zurück. Und nein, für die Ausbügelung der Schramme musste ich nicht aufkommen – im Gegenteil: zur Gage beim gemeinsamen Essen gesellte sich zum Dessert eine Packung Tabak als „special gift for the driver". (...)

Links und rechte Seite oben: Konrad Wipp als Doktor Dolittle, 1995
Rechts und unten: George Speaight als Doktor Dolittle, London und Norwich, 1995
Rechte Seite unten: Bühnenbild mit Klavier und Doktor Dolittle als Puppe

Linke Seite:
„Der Drachenfisch" mit Ana Strack und Susanne, 1997
(Bühne und Ausstattung, Ana und Max Strack)

Diese Seite
Links oben und rechts unten:
„Die Geburt" mit Angelika Jedelhauser und Gerhard Jilka
Rechts oben: „Die Geburt" – im Stall
Links unten: „Die Geburt" mit Ana Strack und Gerhard Jilka

Elftes Kapitel

DAS EXPERIMENTELLE MUSIKTHEATER LÄSST UNS NICHT LOS

„Die Nase" und „Der Finsternishandel"

Unser zweites eigenes Projekt im Rahmen des Figurentheaters der „Münchener Biennale" war „Die Nase" (1994) gewesen. 1998 entschlossen wir uns, dieses Erbe aus Biennale-Zeiten in unser eigenes Repertoire aufzunehmen. Da es aber nur 35 Minuten lang war, brauchten wir einen zweiten Programmteil. Dies wurde „Der Finsternishandel" nach Aphorismen von Georg Christoph Lichtenberg. Dieses Stück war bereits für die „5. Münchener Biennale" geplant worden, wurde aber Opfer der Streichungen.

Stefan schreibt zur „Nase" und ihrer Entstehung:

Plakat für das Doppelprogramm „Der Finsternishandel" und „Die Nase", 1999

    Hervorgegangen ist sie aus Übungen und Experimenten mit der Studentengruppe und unserem eigenen Wunsch, traditionelle Puppenspiel-Formen auf ihr Innovationspotenzial hin zu untersuchen. So hatten wir uns die Handpuppe, die traditionelle Jahrmarktspuppe, vorgenommen und in ihre Bestandteile zerlegt: Hand, Handschuh, Kopf. Wir hatten mit verschiedensten Handschuhen experimentiert, vom Box- bis zum Glacéhandschuh, hatten zwei Spielerhände mit einem Gürtel umschlungen, hatten ein Materialknäuel als Kopf aufgesetzt, hatten die zweite Spielerhand von der Puppe „emanzipiert" und zum Greifen, zum „Handeln" und Gestikulieren eingesetzt. Das machte nicht nur Spaß, sondern auch Lust, das Gefundene für unser „Musiktheater ohne Worte" einzusetzen.

    Ein passender Stoff wurde gesucht. Es sollte etwas eher Derbes, Schwankhaftes mit viel Action und zugleich etwas Hintergründiges sein. Unsere Studentin S i g r i d M a u r i c e schlug „Die Nase" von Nicolai Gogol vor. Wir waren begeistert, Henze stimmte zu, Sigrid schrieb das Libretto und L u c i a R o n c h e t t i bekam den Kompositionsauftrag für die Besetzung Klavier, Viola und Klarinette. Wir wollten eine Art Stummfilm daraus machen, der ein bisschen zu schnell abgespielt wird. Als Regisseur konnten wir P e t e r G e i e r h a a s gewinnen.

    Die Puppen waren Handschuhe aller Art, z. B. Spitzenhandschuhe für das Fräulein, blaugefärbte und mit ein paar Uniformknöpfen versehene für den Assessor Kowaljow, Latex-Handschuhe für den HNO-Arzt, spaltlederne Schweißer-Handschuhe für den Polizisten usw. Sie bekamen alle Hohlköpfe

Entwurf für „Der Finsternishandel"

aufgesetzt, die ich aus Holz schnitzte und die auch mal vor dem Publikum abgenommen werden konnten zum Zwecke der Untersuchung und verkehrt herum wieder aufgesetzt. Da sie hohl und oben offen waren, dienten sie zugleich als Behältnisse: dem Polizisten konnte man das Schmiergeld durch einen Schlitz in den Kopf werfen, wie in eine Sparbüchse, der Knecht verwahrte seinen Besen dort und die Frau des Barbiers ihr Staubtuch. Der Barbier Jakowlewitsch schließlich konnte aus seinem Kopf Rasierschaum quellen lassen, den er dann sogleich mittels eines Rasierpinsels dem erschrockenen Kowaljow ins Gesicht schmierte.

Die Bühne war ein Guckkasten, das Bühnenbild eine Drehbühne, die fliegenden Szenenwechsel ermöglichte, und die auch sehr schnell rotierte, sodass sich die Szene sozusagen in Nichts auflösen konnte. Wir nannten diesen Effekt „Wischblende". Es war ein Äquivalent zu Gogols Erzählweise. Um den Stummfilmcharakter zu betonen, setzten wir auch Zwischentitel ein – das waren Schilder, die ins Bild gehalten und umgedreht werden konnten und so zu Mitspielern wurden. Ihre Aufgabe war es nicht, die Handlung zu erklären, sondern einen ironischen Kommentar zu liefern. Wenn am Ende Kowaljow und seine Braut mit dem Rücken zum Publikum in den Sonnenuntergang gehen, erscheinen hintereinander drei Schilder: „Solche Dinge kommen vor" – „Selten zwar" – „Aber sie kommen vor!" Das sind auch die letzten Worte von Gogols Erzählung.

In unserer Tournee-Version, die 1999 herauskam, spielten Heinrich Klug (Cello) und Maria Reiter (Akkordeon) süffige, russische Salonmusik des 19. Jahrhunderts. Meist spielten wir „Die Nase" vor der Pause, denn dies war im besten Sinne „leichte Kost" und gefiel dem Publikum durchweg. Der zweite Teil nach der Pause war dann „Der Finsternishandel", der es dem Publikum schon schwerer machte.

Die Musiker Heinrich Klug und Maria Reiter
(Foto: Christoph Hellhake)

Mein Anliegen war es, die mit „Lysistrata" begonnenen Klangfiguren weiter zu entwickeln. Ich ging davon aus, dass sich das Potenzial der Klangfiguren besser ausschöpfen ließe, wenn sie in einem Szenenprogramm aufträten, anstatt eine stringente Geschichte erzählen zu müssen. Aus dem reichen Schatz von Lichtenbergs hintergründigen Aphorismen wählte ich solche aus, die eine bildhafte Grundsubstanz und ein Klangpotenzial hatten, wie zum Beispiel:

„In einem Städtchen, wo sich immer ein Gesicht aufs andere reimt."
„Was schwatzt ihr? Was wollt ihr denn? Wenn die Fixsterne nicht einmal fix sind, wie könnt ihr denn sagen, dass alles Wahre wahr ist?!"
„Er hatte ein Stückchen auf der Metaphysik spielen gelernt."
„Hinlänglicher Stoff zum Stillschweigen."

Wir baten den Münchner Komponisten Rudi Spring, die Musik dazu zu schreiben. Parallel zur Entwicklung der Klangfiguren entstand seine Partitur für Cello, Akkordeon und die Klänge und Geräusche unserer künstlichen Darsteller.

Die klingenden Kunstobjekte sollten ein Theaterstück ergeben. Mit dieser Aufgabe wurde Susanne betraut. Sie war ziemlich ratlos. Da kam Bodo Bühling als Schauspieler und verbindender Arrangeur der einzelnen Nummern. Er sprach die Aphorismen und war der sichtbar-lebendige Kitt zwischen den heterogenen Elementen. Der hörbare Kitt war die komplexe Komposition, deren Einstudierung sich Rudi Spring eindringlich widmete. Lassen wir ihn selbst zu Wort kommen:

Rudi Spring, Komponist, schreibt im Januar 2010:
Das Zusammentreffen mit den immens vielseitigen, aus meinem Blickwinkel Epoche prägenden Puppet Players verdanke ich der Akkordeonistin, musikalischen Partnerin und langjährigen Freundin Maria Reiter. – Maria liebt es, ihren äußerst vielfältigen künstlerischen Kollegenkreis mitunter zu gemeinsamen Projekten in noch nicht dagewesener Konstellation zu ermuntern, zusammenzuführen und zu inspirieren. So wurde mir erfreulicherweise von ihr die Rolle des Komponisten für ein Puppet Players Projekt zugedacht, und Stefan und Susanne „bissen an". Stefan wurde, glaub' ich, jahrelang im Finsteren wie im Hellen von der Idee fixe getrieben, eine Auswahl von Aphorismen Georg Christoph Lichtenbergs zu einer kuriosen Bühnenhandlung zu transformieren. Ein erster gemeinsamer Anlauf 1996 scheiterte an einer damaligen Umstrukturierung der Münchener Biennale. (Peter Ruzicka übernahm die künstlerische Leitung von Hans Werner Henze, hatte aber nicht dessen Faible für das Figurentheater.) Ein zweiter Anlauf sah einen Premierentermin Jahresmitte 1999 vor. Hier drängte nun die andere Idee fixe aus Stefan hervor: Klang-Figuren, also speziell gefertigte Puppen, die selbst teils Geräusche, teils Töne zum poetisch-akustischen Szenario beisteuern würden. Bald also war klar, dass Maria Reiter (Akkordeon) und Heinrich Klug (Violoncello) für eine anspruchsvolle, fast durchkomponierte kammermusikalische live-Szenenmusik zur Verfügung stehen, und dass Stefans Grundlage dafür Aphorismen Lichtenbergs in einen losen, aber schlüssigen Zusammenhang bringt – wobei Wort und Musik wechselseitig aufeinander reagieren – sowie besagte Klangfiguren baut (einige sogar so anlegt, dass spezifische Intonationswünsche meinerseits verwirklicht werden können). Und dass Susanne die Regie übernimmt. Soweit die Idee. – Aber keine Vorbereitungsmöglichkeit der Musiker, geschweige denn Bühnenproben, ohne Partitur.

Rudi Spring, Komponist des Finsternishandels, 1999
(Foto: Christoph Hellhake)

Im Nachhinein erzählt sich's immer leicht; ich hatte wieder mal – zermalmt vom eigenen Anspruch, entmutigt von der kalten Ignoranz der Fachpresse – den „writer's block"... Als dieser Zustand unerträglich und die Zeit knapp zu werden begann, erkor ich ein bestimmtes verlängertes Februarwochenende für ein Alles-oder-Nichts aus: Mein Instinkt schuf sich ein Szenario: fremd – in – der – eigenen – Stadt. Völlige Kontakt-Abschottung. (Warum fuhr ich nicht ein paar Tage „aufs Land"? Es MUSSTE wohl die Stadt sein.) So arbeitete ich meist ganztägig in einem gemieteten Haidhausener Kellerraum, wo kein Außengeräusch mich ablenken konnte und wo das gleichmäßige Rauschen des Heizlüfters mich mit einer akustischen Schutzhülle umgab, die mir ermöglichte, das, was wohl schon „da war", aus mir herauszuwringen. Das Wesentliche des musikalischen Verlaufs stand nach diesen wenigen Tagen. Die Ausarbeitung schritt dann zügig voran.

Ich denke mit großer Freude an die mit Spannung erwartete Umsetzung des Ganzen zurück. Der lebendige Zugang zum Genre Puppenspiel und seinen phantastischen Möglichkeiten heute wird für mich immer mit den Puppet Players, ihrer Arbeit, ihren Aufführungen verknüpft sein. In den Jahren vor und nach unserer gemeinsamen Produktion sah und erlebte ich dankbar mehrere ihrer so verschiedenartigen, immer originellen, immer intensiven Bühnenwerke. Tragikomische Ironie: Ausgerechnet unsere so ideengeprägte Produktion „Er trieb einen kleinen Finsternishandel" (ein Aphorismus Lichtenbergs) erwies sich in der schnöden Praxis des Auf- und Abbaus für die beteiligten Puppenspieler als entsetzliche Plackerei. So währte die Phase der Realisierung ungefähr drei Jahre (was ja an sich keine geringe Dauer darstellt in unserer schnelllebigen Zeit), und es bleibt allen Beteiligten – auf, hinter und vor der Bühne – um den Lichtenberg'schen Schlussaphorismus abzuwandeln: „Hinlänglich Stoff zur Erinnerung!"

Maria Reiter schreibt im Januar 2010:
Geschichten erzählen, was gäbe es schöneres!
Ob mit einer sonoren Stimme, einem Opernensemble von 200 Mann, einem weißgeschminkten Gesicht, einem schwarzen Akkordeon – oder eben einer Puppenbühne, die man samt dem menschlichen und dem hölzernen Ensemble selber mitbringt. Gogols „Nase" und Lichtenbergs „Finsternishandel" gehören zu meinen Lieblingsstücken überhaupt. Auch ein Burgtheater hätte nicht mehr an Poesie und Verzauberung zustande bringen können, wie diese Puppet Players-Inszenierung. Heinrich Klug, der Cellist, und ich, die Akkordeonistin wurden dazu mit einer Komposition von Rudi Spring betraut und erstmalig zusammengespannt. Das war der Beginn einer langen Freundschaft. Und eine noch

längere verbindet mich mit den hochgeschätzten Puppet Players, die listig wie Odysseus, Möglichkeiten ersinnen, großen Theaterstoff auf handliches Format zu bringen, die neue innovative Formen des Puppenspiels aushecken, die Perspektiven auf den Kopf stellen, und die modern sein können, wie kaum ein Staatstheater, aber die tradierten Erzählformen trotzdem nicht verraten.
Ein Hoch auf diese intelligenten und integeren Menschen. Möge es doch viel mehr solche geben, die sich so etwas leisten wollen.

Christoph Hellhake, Fotograf, schreibt im Januar 2010:
Klar, bei mir wars auch so: Puppenspiel ist Kasperltheater.
Spätestens, als dann die Puppet Players in meinem damaligen, geräumigen Studio anrückten, um dort die Proben für das Doppelprogramm „Die Nase" von Gogol und die szenische Umsetzung von Aphorismen von Georg Christoph Lichtenberg – an sich schon ein irrwitziges Unterfangen – namens „Er trieb einen kleinen Finsternishandel" (sic!) zu unternehmen, änderte sich meine Anschauung über Puppenspiel schlagartig. Was ich zu sehen bekam, schien mir nichts weniger zu sein als die Urform des Theaters. Wenn man keine große Bühne zur Verfügung hat, kein Ensemble von 20 guten Schauspielern und die entsprechende Technik im Hintergrund, aber dennoch großes Theater machen mag, bediene man sich des Puppentheaters!
Freilich ist viel Gehirnschmalz gefragt, Innovationsfreude und Einfühlungsvermögen, aber das hatten Stefan, Susanne, Stefanie, Hildegard und Bodo reichlich mitgebracht. Bis heute ist es mir ein Rätsel, wie es möglich gewesen ist, Sätze wie „Damals, als die Seele noch unsterblich war", „Eine Stadt, in der sich ein Gesicht aufs andere reimt" oder „Wenn nicht mal die Fixsterne fix sind, wie könnt ihr dann sagen, dass alles Wahre wahr sei" auf einer kleinen Bühne zu SPIELEN, sodass sich der Satz mit einer Geschichte verbindet, einer gesehenen, also wahren Geschichte, unkonkret und konkret gleichzeitig, aber es ging. Nicht austauschbar, sondern genau so richtig, einleuchtend, nur beispielhaft und doch allgemeingültig, und dann doch dem Satz Substanz verleihend, ihn real machend, sichtbar. Ich habe das Stück später sicher 15- oder 20-mal bei Aufführungen gesehen und wurde nie satt davon, habe immer wieder Neues entdeckt, nie war es endgültig, fertig.
Was ich beim Puppenspiel der Puppet Players entdeckt habe, ist auch der Umstand, dass das Publikum eine tragende Rolle spielt. Der Zuschauer sieht ja die Akteure handeln, schwarz gekleidet vor schwarzem Hintergrund, wie Spione oder Partisanen, mit versteckenden Masken vor dem Gesicht, er sieht sie und kann sich, ja muss sich entscheiden, ob er sie sehen will! Er hat Teil an dem Geschehen auf der Bühne kraft dieser Entscheidung. Im Zeitalter der perfekt

inszenierten Illusion, wo der Zuschauer zum Konsumenten degradiert wird, ist das eine würdevolle Alternative, die selten geboten wird. Eben dieses Hin und Her des Glaubens und Nichtglaubens, des Nichtsehens und sich Einlassens und des Sehens und Nichteinlassens hat mich bei jeder Vorstellung fasziniert. Das Spiel als Angebot, das mich selbst einbezieht in das Gelingen und damit irgendwie auch zum Akteur macht, zum Teilnehmer. Ein gutes und seltenes Gefühl und damit umso wertvoller.

Und dann natürlich der völlig unzeitgemäße Luxus, die Musik live zu spielen bei jeder Vorstellung, von Maria und Heinrich, nicht von der Retorte. Und nicht nur das, auch war die Musik für das Stück eigens komponiert worden. Und nicht von irgendwem, sondern von Rudi Spring, einem Komponisten, der die musikalische Umsetzung mehr als genau nimmt (oder wie er selbst sagt: „Ich bin doch nur genau"). Also keine gefällige Hintergrundmusik, sondern die Ergänzung des szenischen Spiels durch die Sprache der Musik, fast wie eine Übersetzung der dargebotenen Bilder und der Inhalte der Aphorismen in diese so ganz andere Sprache, die universelle Sprache der Töne. Das Publikum wurde zu Zuschauern und Zuhörern gemacht, fast erhöht zum Teilnehmer.

Gibts das heute noch, im Zeitalter von YouTube und iPod, von Massenmedien und 3D-Kino?

Es gibt es.

Ich habe meinen Blick bei den Vorführungen oft beobachtet, um mir selbst auf die Schliche zu kommen – von den Musikern zur Bühne, dort auf die Akteure und die Szene, zurück zu den Musikern, zum Satz, zu den Akteuren. Das Gehirn meldet Töne, Bilder, Assoziationen, starke Gefühle – aber es meldet keinen Vollzug, immer bleibt etwas offen, fragend, unbefriedigt, heischend.

Lebendigkeit stellt sich ein. Wohlige Lebendigkeit.

Der Finsternishandel ist für mich ein Handel mit bisher ungesehenem Licht gewesen.

Puppenspiel war mal Kasperltheater, aber das ist lange her ...

Links: Entwurf für eine Szene aus „Der Finsternishandel"

Rechte Seite:
Ein Gefangener im Raum aus „Der Finsternishandel"

ER TRIEB EINEN KLEINEN...

...FINSTERNISHANDEL.

"ER LERNTE EIN PAAR STÜCKCHEN...

... AUF DER METAPHYSIK SPIELEN."

Szenen und Entwürfe aus „Der Finsternishandel"
Im Bild Stefanie Hattenkofer und Bodo Bühling
(Szenenfotos: Christoph Hellhake)

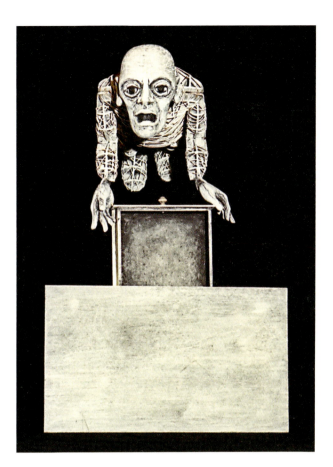
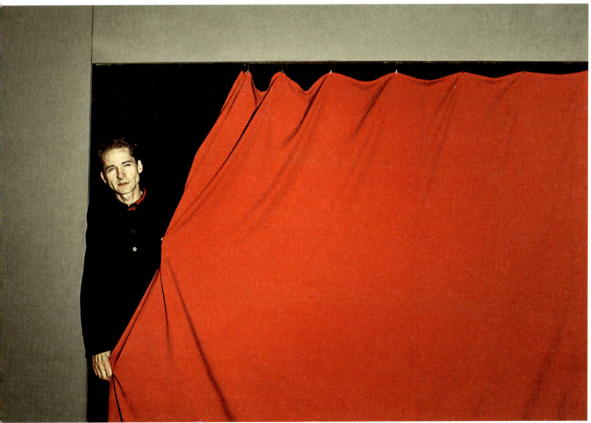

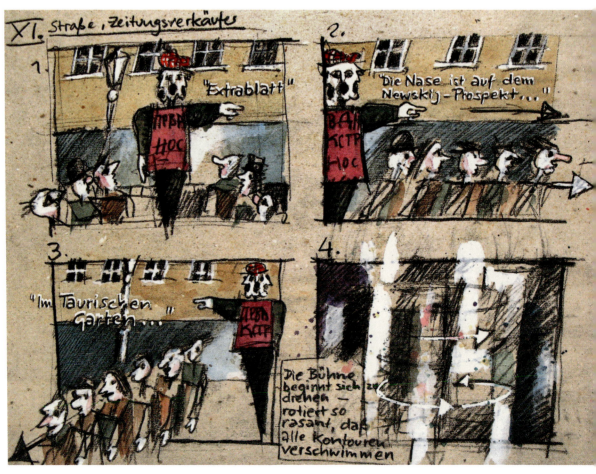

Linke Seite: Auszüge aus dem Storyboard für „Die Nase"
Diese Seite: Handpuppen für „Die Nase"

Oben: Zeitungsverkäufer und Passanten aus „Die Nase"
Rechts: Kowaljow wieder im Besitz seiner Nase – im Dom mit seiner Angebeteten

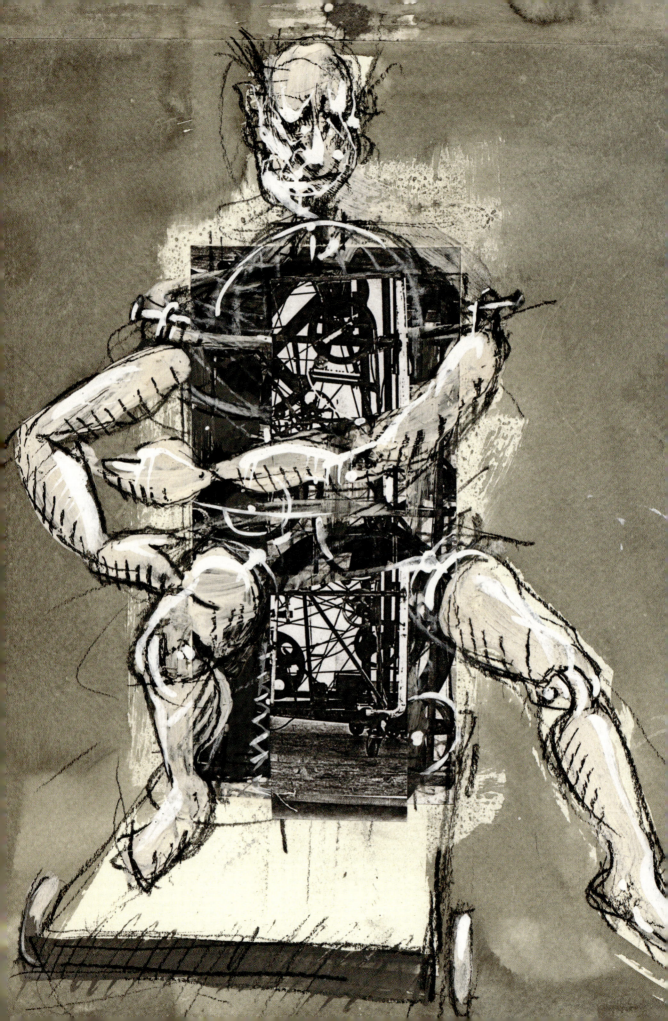

Zwölftes Kapitel

UNSERE BEGEGNUNG MIT DER GROSSEN BÜHNE
Münchner Kammerspiele, Bayerische Staatsoper, Salzburger Festspiele

Eines Abends gegen Ende des Jahres 1993 erhielten wir einen Anruf von Michael Wachsmann, Chefdramaturg der Münchner Kammerspiele. Der Intendant, Dieter Dorn, plane eine Inszenierung von Shakespeares „Der Sturm" und würde dabei auch gerne Puppen einsetzen. Er lud uns ein, mit einem Sortiment verschiedenster Figurentypen zu einer Bauprobe auf die Bühne der Kammerspiele zu kommen. Wenig später präsentierten wir eine Auswahl unserer Puppen und Dieter Dorn und sein Bühnenbildner Jürgen Rose zeigten sich fasziniert und amüsiert. Dorn wollte Ariels Geister von Puppen darstellen lassen, und wir sollten diese entwerfen und die Schauspielschüler der Otto-Falckenbergschule in ihrer Handhabung unterweisen. Stefan entwarf einfache „one head - one hand" Figuren, sogenannte Marotten, die in den Theaterwerkstätten gebaut wurden. Fünf Wochen lang arbeiteten wir intensiv mit den Schauspielschülern, hatten jedoch das Pech, dass Dorns Regieassistent lieber selbst mit den Studenten arbeiten wollte und unsere Unterrichtsberichte nie an den Regisseur weiterleitete, sondern in eine Schublade schob. So kam keine rechte Kommunikation mit der Regie zustande. Die Proben und die Aufführungen mit Thomas Holtzmann als Prospero und der legendären Gisela Stein als Ariel waren für uns eine herrliche Erfahrung, besonders weil beide die Mitwirkung der Puppen als bereichernd empfanden und uns in unserem Tun ermutigten. Eine ebenso prägende Erfahrung war es, die Arbeit eines großen Regisseurs aus nächster Nähe miterleben zu dürfen. Im Probenraum herrschte eine hochkonzentrierte Atmosphäre, die durch nichts gestört werden durfte. Es gab kein Telefon, keine Verbindung nach außen. Wenn unbedingt erforderlich, durfte ein Zettel durch einen Schlitz hereingeschoben werden. Wie strikt diese Regeln waren, wussten wir noch nicht, und betraten nichts ahnend mit unseren Studenten den Raum. Alles erstarrte. Ein vernichtender Blick des Regisseurs: „So geht es nicht, wir müssen die Probe abbrechen". Wir schämten uns schrecklich und kauerten uns kleinlaut auf den Boden. Zum Glück ging die Probe dann doch weiter. Was uns an Dorns Arbeit besonders beeindruckte, war die Fähigkeit, mit offenen Karten zu spielen und trotzdem zu verzaubern und ein Märchen zu erzählen. Nackte Bühne, kaltes Licht – Dorn verlässt sich auf keinerlei Bühnenzauber, sondern setzt alles auf die Kraft seiner Schauspieler.

David Pountney, 2009

Jürgen Rose, der Bühnenbildner des „Sturm" wiederum empfahl uns 1999 an die Bayerische Staatsoper, weil der Regisseur der Neuinszenierung von Gounods „Faust" (Margarete) Puppen für sein Konzept wünschte. Dies war D a v i d P o u n t n e y. Er folgte einer alten Operntradition, in der die Sprechrollen nicht als Rezitative sondern in Dialogform dargebracht werden. Man gab uns Flugtickets nach London und bestellte uns zur Adresse des Bühnenbildners Stefanos Lazaridis in Holland Park. Wir wurden in ein winziges Zimmer voller Leute geschoben und vorne auf zwei Stühlchen gesetzt vor ein millimetergenaues Modell des Bühnenraums der Bayerischen Staatsoper mit allen geplanten Bühnenbildern. Mit winzigen Modell-Statisten erklärte David Pountney, wie er sich seine Inszenierung vorstellte. Da gab es riesige Eisenbahnwaggons, in denen der Chor durch die Coupéfenster singen sollte, Margarete sollte ihr Kind nicht im Fluss, sondern im Kühlfach eines Eisschranks töten, statt eines Spinnrads drehte sich eine Waschmaschine. Sechs riesige, auf rollende Türme montierte Kardinalsfiguren wurden in einer bedrohlichen Choreographie über die Bühne geschoben, um die Kindsmörderin einzuschüchtern. Gleichviel, ob nun Margarete gerettet oder gerichtet sei, sie fährt auf dem Schoß des Mephistopheles am Ende in den unendlich hohen Bühnenhimmel. Wir wussten erst nicht so recht, wie ernst er das alles meinte. Seine Sympathie lag eindeutig mehr bei Mephisto als bei Faust. Mephisto ließ er in Würde altern, während Faust dem Jugendwahn mit Fitness und Wellness verfiel und dadurch beinahe lächerlich wurde. Das erforderte einiges Umdenken, zumal wir Davids schalkhaftes Lächeln noch nicht entschlüsselt hatten: war es Sarkasmus oder Bonhomie?

Nach dieser ersten Besichtigung, zeigten wir ihm die Puppenentwürfe, die Stefan nach Absprache mit der Kostümbildnerin Marie-Jeanne Lecca angefertigt hatte. David hatte eine wunderbare Art, völlig konzentriert und ruhig diese Zeichnungen anzuschauen und unsere Kommentare anzuhören. Dann ließ er sich eine Denkpause und antwortete klar und eindeutig auf alle Fragen und brachte seine Einwände ebenso klar zum Ausdruck. Keine Entscheidung war übereilt, keine Frage blieb unbeantwortet. Bei unserem Gespräch enthüllte sich darüber hinaus der geheime Spaß, den ihm der Gedanke an die Mitwirkung der Puppen bereitete. Er schien mit Stefans Ideen einverstanden zu sein. Langsam kamen wir dahinter, was er mit seiner Inszenierung vorhatte. Es ging ihm nicht darum, diese tragische Geschichte lächerlich zu machen. Nein, er wollte die Vorlage vom Staub des 19. Jahrhunderts befreien und sie mit einer rasanten Bilderfolge des beginnenden 21. Jahrhunderts beleben. Die Puppen, die Stefan gebaut hatte, doubelten die Sänger, trugen identische Kostüme, hatten aber das

Flair angestaubter Barbie-Puppen. Die flotten Dialoge hatte seine Partnerin N i c o l a R a a b verfasst. Sie halfen dabei, falsche Sentimentalität, überkommene Ideale und verlogene Nostalgie in dieser Oper aufzudecken. Mephisto hatte dienstbare Geister zur Verfügung, die sogenannten „Mephisto-Boys" mit Glitzersmoking und Vinyl-Perücke. Vier von ihnen waren wir Puppenspieler: Stefan zusammen mit H a n s H u n d s e d e r, Stefanie Hattenkofer und Ana Strack. Mit ihnen studierte Susanne die Puppenrollen ein und besprach sich mit der Choreographin Vivienne Newport. Die Vier waren fast durchgehend auf der Bühne beschäftigt. Die riesige Dimension der Opernbühne mit all ihrem technischen und personellen Aufwand war ein umwerfender Eindruck für uns. Ebenso einmalig war es, die wunderbaren Sänger aus der Nähe zu erleben. Bei einer

Nicola Raab, 2008

der letzten Wiederaufnahmeproben hatte sich der Faust-Darsteller, Startenor Rolando Villazón, verspätet. Je länger wir warten mussten, desto gedrückter und aggressiver wurde die Stimmung im Probenraum. Als er schließlich fröhlich pfeifend hereinspazierte, schoss Ana Strack mit freudigem Indianergeheul quer über das Parkett auf ihn zu, umarmte ihn und ließ sich von ihm im Kreis herumwirbeln. Der angestaute Frust löste sich auf in schallendes Gelächter.

Nun war es beileibe nicht so, dass das Publikum geschlossen diese Interpretation des „Faust" unwidersprochen hingenommen hätte. Susanne erinnert sich: Beim Premierenapplaus zog mich David Pountney mit auf die Bühne zum Verbeugen. Buhs und Bravos hagelten gleichermaßen auf uns nieder. Hätte er mich nicht an der Hand gehalten, ich wäre gewiss durch den Souffleurkasten im Bühnenboden verschwunden. Viele Besucher aber merkten sehr wohl, dass die echte Tragik tief empfunden dargestellt wurde. Unvergesslich, wie der übermütige Rolando Villazón in der letzten Aufführungsserie die Puppe der Margarete verstört und zärtlich auf ihr Krankenbett legte.

Zwei Jahre später holte uns David Pountney zu den Salzburger Festspielen, wo er Puccinis „Turandot" inszenierte. Das Konzept war eine gewalttätige und unerbittliche Maschinenwelt, die der Bühnenbildner Johan Engels auf die riesige Bühne des Großen Festspielhauses brachte. Stefan steuerte die Figurenentwürfe und -modelle bei, die in den Opernwerkstätten ausgeführt wurden. Darunter war auch der vier Meter hohe, von den Puppenführern in einer von Susanne einstudierten Choreographie auf der Bühne zusammengesetzte Große Mandarin und zwei Figuren, in deren Schoß je ein Sänger saß. Die Gesten wurden von den Puppenspielern Steffi Hattenkofer und Hans Hundseder in die mächtigen Glieder der Puppen vergrößert übertragen. Nach all dieser inszenatorischen Opulenz gelang es David im letzten Akt auf leerer Bühne, das Existenzielle und Tragische schlicht und direkt darzustellen.

Mittlerweilen waren wir richtige Pountney-Fans geworden. Wenn möglich, reisten wir zu Premieren: in London im Colosseum sah Susanne seinen „Freischütz", in Bregenz sahen wir „Der goldene Hahn" und „Die griechische Passion" von Bohuslav Martinu und den „Kuhhandel" von Kurt Weill, in Zürich Verdis „Macbeth", in Wien „Jenufa" von Leoš Janácek und in München Arnold Schönbergs „Moses und Aaron". Von Anfang an hatten wir uns mit Davids Partnerin, Nicola Raab, angefreundet. Auch sie war als Opernregisseurin tätig, und so besuchten wir ihre Inszenierung von Dmitri Schostakowitschs „Moskau, Moskau" in der Wiener Kammeroper. 2009 sah Susanne in Bregenz Davids für sie eindrucksvollste Produktion: „König Roger" von Karol Szymanowski – ein Menschenweg durch die Katharsis zum Licht. Mit Nicola und David sind wir befreundet geblieben, durften zweimal in ihrem Château d'Azu in Burgund zu Gast sein, wo die Portraits, die Stefan von Hausherrin und Hausherr gemalt hat, lebensgroß im Treppenhaus hängen.

David Pountney, Opernregisseur und Intendant der Bregenzer Festspiele, dichtet zusammen mit der Opernregisseurin Nicola Raab im Juni 2010:

> *In the matter of Faust -*
> *(You know -*
> *Gounod!*
> *Only the French could so pervert a*
> *Work by Goethe!)*
> *We made a famous joust*
> *Of puppets!*
> *From the windows of a train*
> *They spring to life – sustain*
> *The drama – Herr Kämmersänger*
> *Valentin acquires a Doppelgänger*
> *Poised a-top a giddy ladder,*
> *The operator trying to maintain a certain*
> *Poise - one legged - behind the silken curtain.*
> *Deftly interposed between the songs -*
> *(How those men caroused!)*
> *Their entrance shows*
> *That when one speaks of Faust*
> *The puppet still belongs.*
> *The sinister intrigues of Mephistopheles*
> *Are conjured from his cane – he's*

The very devil! The proof?
Look out – his puppet's going through the roof!
And for the madder
Moments of poor Marguerite
Giant swirling bishops swarm above
Her head, monsters to defeat her
Simple jewel spangled love.
But who was Marguerite or Mephistopheles
The singer or the puppet? Please
Don't ask! Suspension of belief
Was the chief
Delight of this entrancing play
And, I must say,
One of my favourite shows
Whose estimation grows
And blossoms in the kindly light
Of hindsight!

Thank you puppet players for that, and more besides –
You know where the soul of theatre resides!

Die verschiedenen Alter des Mephistopheles in Gounods „Faust" („Margarete") – Regie David Pountney, Bayerische Staatsoper, 2000

Oben links: Teufel und Engel – in hundertfacher Ausführung für alle Chormitglieder
Mitte links: Kein Ort ist unerreichbar für Mephistopheles (Entwurf)
Unten links: Vier Meter hohe Bischofsfiguren schüchtern Margarete ein
Oben rechts: Die sogenannten Mephisto Boys
Die Puppenspieler (von links): Hans Hundseder, Stefanie Hattenkofer, Ana Strack und Stefan Fichert
Unten rechts: Puppenköpfe, zum Teil Doubles der Sänger – entworfen und geschnitzt von Stefan

Stefans Entwürfe für die Auftritte der Puppen in „Faust"

„Turandot", Salzburger Festspiele 2002
Entwürfe und Modelle von Stefan, Ausführung durch
die Werkstätten der Salzburger Festspiele
(Bühnenbild: Johan Engels)

Dreizehntes Kapitel

SUSANNE SOLO
„Michael Kohlhaas – vom Bürger zum Terroristen"

Nach all diesen gemeinsamen Inszenierungen hatten Stefan und Susanne das Bedürfnis, jeder einmal eine eigene Inszenierung ohne den anderen zu stemmen. Susanne schreibt:
In den 80er Jahren hatte ich zum ersten Mal Heinrich von Kleists Novelle vom Michael Kohlhaas gelesen. Seit jener Zeit beschäftigt mich der Stoff. Das Streben nach Gerechtigkeit ist ein Prinzip, das uns Menschen von der Willkür der Natur unterscheidet. Gerechtigkeit wird allenthalben angestrebt, beansprucht und nie vollständig befriedigt. Ungerechtigkeit wird nicht hingenommen, sondern ruft das Bedürfnis nach Vergeltung hervor.

Als am 11. September 2001 der unterprivilegierte Teil der Menschheit in New York den grausigen Racheakt an dem privilegierteren verübte, erschien es mir, als ob diese Tat von einem enttäuschten Gerechtigkeitsanspruch hervorgerufen worden war. Obwohl natürlich die Umstände der Bauernkriege um 1525 in Sachsen und der weltweite Terrorismus am Beginn des 21. Jahrhunderts stark divergieren, so schien es mir doch, als gäbe es Parallelen zwischen den Motiven, die zur Zerstörung der zwei Türme führten und denen, die Michael Kohlhaas zum Anführer der Mordbrenner in sächsischen Städten gemacht hatte. Nach erlittener Ungerechtigkeit fühlt sich der brave Bürger Michael Kohlhaas von seinen Verpflichtungen der Gesellschaft gegenüber entbunden: „Wenn mir die Gemeinschaft den Schutz durch die Gesetze versagt, so fühle auch ich mich nicht mehr an ihre Regeln gebunden." Das Resultat war Anarchie, Selbstjustiz, Größenwahn, Zerstörung, Terror und Mord an Schuldigen und Unschuldigen. Dass die religiöse Bindung des Kohlhaas an das Christentum und dessen Vertreter Martin Luther ihn schließlich zur Einsicht seiner Schuld bringt, und dass er nach erhaltenem Recht in seiner Sache seine eigene Strafe (öffentliche Enthauptung) widerstandslos akzeptiert, weist freilich in eine andere Richtung, als die Geisteshaltung heutiger Terroristen.

Die Erzählung in eine dramatische Form zu verwandeln, bereitete mir Mühe und Pein, musste ich doch so viel des wunderbaren Textes streichen. Die Berechtigung dazu nahm ich jedoch aus Kleists eigenen Äußerungen. Demnach fühlte er sich berufen, Dramen zu schreiben, aber die Notwendigkeit des Broterwerbs zwang ihn zu Veröffentlichungen von Kurzprosa und Erzählungen, die sich in Zeitschriften und als broschürte Heftchen verkaufen ließen.

Plakat für Michael Kohlhaas von Lyndie Wright

Zunächst war aber die Frage, wie kann ich so große, ja übergroße Themen auf eine kleine Puppentheaterbühne bringen. Mein Versuch: Da sowohl Kleist, als auch der historisch dokumentierte Hauptdarsteller der Novelle in der Gesellschaftsform des Feudalismus lebten, das heißt, dass jeder Mensch innerhalb einer Hierarchie einem festgesetzten Stand mit den jeweiligen Rechten und Pflichten angehörte, ließ mich an das Schachspiel denken. Dem Kleist'schen Stoff angeglichene Schachfiguren – 18 bis 30 cm hoch, je nach Machtposition im Stück – wurden vom Holzbildhauer H e r w i g K e m m e r i c h geschnitzt. Diese werden zunächst vom Erzähler, dem Schauspieler W a l t e r v o n H a u f f, auf einem perspektivisch bemalten Schachtisch vor einer Schattenwand bewegt. Die Schattenwand aus Operafolie hat an beiden Seiten des Schachtisches Schlitze, durch die Figuren von vorne nach hinten und von hinten nach vorne gereicht werden können. Was das Publikum vorne auf dem Schachtisch als kleine, unbewegliche Statuetten wahrnimmt, kann von hinten mit drei teilweise beweglichen Punktlichtquellen in verschiedenen Größen bis hin zu riesigen Details auf die Schattenwand geworfen werden. Durch Annäherung oder Entfernung von der Leinwand, durch Neigung und Drehung kommt Bewegung, ja Leben in die starren dreidimensionalen Figuren. Sie sind nicht mehr in ihre gesellschaftlich vorbestimmten Handlungsspielräume gezwängt. Sie sind befreit von ihrer ständischen Fessel, können zu Individuen werden und ihre dramatische Funktion in der Handlung erfüllen. Das Schattenspiel wirkt wie eine Art Vergrößerungsglas, durch das die wesentlichen Aspekte einer Rolle sichtbar gemacht werden. – Das ist ja das Großartige an dem Medium Figurentheater, dass wir nicht an die tatsächliche Größe eines Menschen oder einer Kreatur gebunden sind, sondern ihre symbolische Bedeutung zeigen können!

Das Bühnenbild (Entwurf und Herstellung: Lyndie Wright) wird ebenfalls von hinten auf die Leinwand projiziert, meist farbige Malereien auf Plexiglas. Sie geben den atmosphärischen Rahmen zu den schwarzen Silhouetten der Schachfiguren. Manche Szenenbilder nehmen die ganze dreiteilige Schattenwand in Anspruch, wie zum Beispiel die Aufmärsche der Soldaten oder die brennenden Städte und Ruinen. Andere zeigen das Ambiente und bilden den Hintergrund für persönliche Begegnungen.

Zusammengehalten werden diese Bilder durch die Kompositionen für Schlaginstrumente von Edith Salmen – und natürlich von der Kleist'schen Erzählung, die Walter von Hauff mit ihrem ganzen Gewicht und Ernst darbietet und einfühlsam in das Bühnengeschehen integriert. Ihm gelingt es, die komplizierte, 200 Jahre alte Originalrede von Kleist sogar Schülern einer 10. Klasse zugänglich zu machen. Regie führte Bodo Bühling.

Lyndie Wright, Ausstatterin von „Michael Kohlhaas"

Wir haben dieses Stück oft gespielt, zum Teil als öffentliche Abendvorstellungen, zum Teil für Schüler von Gymnasien. Sowohl die Thematik als auch die Technik haben zu anregenden Diskussionen nach der einstündigen Darbietung geführt. Neben Walter von Hauff wirkten bei den verschiedenen Aufführungsserien mit: Sarah Wright, Steffanie Hattenkofer, Margit Findl, Alwyn Schadt, Shandra Schadt, Friederike Schubert sowie Stefan und ich.

Walter von Hauff schreibt im April 2010:
Ob ich Kleist sprechen und spielen will? Den Kohlhaas? Was für eine Frage: Natürlich! Also mach ich mich im Herbst 2002, hoch verschnupft, auf den Weg nach Gauting, um die Puppet Players kennenzulernen. Ich treffe Susanne und Stefan in ihrer mit Worten schwer zu beschreibenden Werkstatt; man muss dort gewesen sein, besser noch, mit ihnen dort gearbeitet haben; sie zeigen mir die Bühnenbildentwürfe von Lyndie Wright, die Holzfiguren von Herwig Kemmerich und Susanne erzählt von ihren Gedanken und Ideen, wieso sie aus dem Kohlhaas eine einstündige Bühnenfassung entwickelt hat.
Wenig später beginnen wir mit den Proben, und am 15.11.2002 ist Premiere. Zum ersten Mal in meinem Leben stehe ich mit Puppenspielern auf der Bühne, lese und spiele, spüre, wie die Holzfiguren durch sie und durch die Kleistnovelle mit ihrem dramatischen Stil und durch diese wunderbaren Schattenbilder auf der Leinwand zum Leben erwachen.
Und belohnt werden wir durch unzählige Aufführungen an den verschiedensten Spielorten, insbesondere aber durch die vielen Vorstellungen vor Schülern: Und die begreifen die Verwandlung des Michael Kohlhaas vom Bürger zum Terroristen zutiefst und lassen sich gefangennehmen von dem ungewöhnlichen Aufeinandertreffen des Kleist'schen Textes mit dem Zauber des Figurentheaters.

Schauspieler Walter von Hauff, Erzähler in „Michael Kohlhaas" (Foto: Janine Guldener)

Oben: Tonmodelle von Herwig Kemmerich,
Gestalter der Holzfiguren

Rechte Seite: Michael Kohlhaas
(Foto: Georgine Treybal)

Beide Seiten:
Szenen aus „Michael Kohlhaas"
mit Walter von Hauff
(Farbfotos: Georgine Treybal)

Vierzehntes Kapitel

STEFAN SOLO
„Sisyphos"

Schattentheater ist Bildertheater. Dennoch stand am Anfang von „Sisyphos" das Wort, genauer gesagt, der letzte Satz des berühmten Essays von Albert Camus, „Der Mythos von Sisyphos": „Man muss sich Sisyphos als glücklichen Menschen vorstellen." Die Kühnheit dieser Aussage und die Wiederbegegnung mit diesem Text veranlassten mich, Stefan, zu einem Zyklus von 26 großformatigen monochromen Arbeiten auf Papier, in denen ich dieser Figur nachspürte – ohne dabei an Theater zu denken.

An Theater dachte ich erst ein halbes Jahr später, als sich auf Anregung von Ekkehard Knobloch die seltene Chance der finanziellen Unterstützung für ein innovatives Theaterprojekt durch die Sparkassenstiftung bot. Zusammen mit ein paar Rücklagen und Einnahmen aus Bildverkäufen war so die wirtschaftliche Grundlage gesichert.

Aber was für den Maler gut ist, ist für den Theatermacher noch lange nicht billig. „Das ewig Gleiche" ist kaum eine dramatische Vorlage. Aus meiner malerischen „Vorarbeit" blieben zwei Erkenntnisse zwingend bestehen, nämlich dass der Mythos ein Bild sei und zu seiner Darstellung eines Bildertheaters bedürfe, und dass Sisyphos, der Sterbliche, der zur Erlangung seiner eigenen Ziele gegen das göttliche Reglement verstößt und dafür schließlich bestraft wird, ein lebendiger Körper, ein Mensch, ein Tänzer sein müsse: also Schatten- und Tanztheater.

Aus Stefans Zyklus „Sisyphos", 24 Arbeiten auf Papier, 2002

Die Geschichte von Sisyphos ist sehr bruchstückhaft und unvollständig, eigentlich kaum eine Geschichte, sondern nur einige wenige unzusammenhängende Episoden: ein schlauer und trickreicher Rinderhirte und Vergewaltiger (mutmaßlicher Vater von Odysseus und Cowboy der Antike), wird zum Gründer und König der Stadt Korinth. Zum Erreichen seiner materiellen Ziele schreckt er vor nichts zurück, nicht einmal davor, einen erotischen Seitensprung des Göttervaters Zeus zu verraten. Dies wird ihm schließlich zum Verhängnis mit dem bekannten Ergebnis: Er wird dazu verdammt, einen schweren Stein auf einen Berg hinauf zu wälzen, nur um ihn kurz vor dem Gipfel wieder zu Tal rollen zu sehen – die fruchtlose Arbeit muss von Neuem beginnen.

Meine Rolle, neben der des Initiators, war die des Ausstatters, des Bildermachers. Wir „Puppet Players" hatten schon vier große Schattentheaterproduktionen herausgebracht, ich wollte mich aber bei „Sisyphos" nicht auf bereits

Aus dem Sisyphos-Storyboard: Die Göttin und das Weltenei

Erprobtes verlassen, sondern weitergehen und Neues finden. Der Schattenschirm sollte nicht nur Projektionsfläche, sondern auch Grenze zwischen „davor" und „dahinter", zwischen Diesseits und Jenseits sein, eine Membran, durch die man von dem einen in den anderen Bereich gelangen könnte. Ich baute ein Modell im Maßstab 1:5 mit allen nötigen Licht- und Projektionsmöglichkeiten. An diesem Modell stellte ich in einer Art visuellen Brainstormings alle meine Möglichkeiten durch und hielt sie mit einer Kamera aus dem Blickwinkel des Publikums fest. Es entstanden ca. 200 Fotos, die ich anschließend ordnete und somit mein Grundmaterial beisammen hatte. Als dann das Szenario einigermaßen feststand, zeichnete ich das ganze Stück als Storyboard in 70 fortlaufenden Einzelzeichnungen. Dies war kein Festschreiben des Ablaufs, aber die Grundlage, auf der durch Akzentuieren, Destillieren und Reduzieren schließlich das Stück entstand.

Ich konnte meinen Freund, den Schriftsteller und Maler Hartmut Riederer gewinnen, den Text zu schreiben. Er schrieb hunderte von Seiten dichter Prosa, die wir dann gemeinsam in einer Art Montage-Technik schnitten und entlang des Szenarios ordneten und montierten. Dabei ergab sich eine Grundstruktur, die man vereinfacht als Monolog des Sisyphos bezeichnen kann, der unterbrochen wird durch Rückblenden, in denen Szenen aus dem sagenhaften Leben des Titelhelden vignettenhaft gezeigt werden. W o l f E u b a, der bekannte und charismatische Münchner Schauspieler, Hörspielautor und Rundfunksprecher, war bereit, die Rolle des Sprechers zu übernehmen. Maria Reiter, Akkordeonvirtuosin, die schon in drei Puppet-Players-Inszenierungen ihr Können und ihr Einfühlungsvermögen unter Beweis gestellt hatte, sagte zu, die Bühnenmusik zu konzipieren und zu spielen. Den Tänzer S t e f a n M a r i a M a r b entdeckte ich nach langem Suchen im Ballett der Bayerischen Staatsoper, wo er seinem Broterwerb nachgeht, aber dessen eigentlicher Schwerpunk der Butoh-Tanz ist, dieser oft stumme japanische Ausdruckstanz, mehr physisches Theater als Tanz im konventionellen Sinn, und daher genau das Richtige für uns. Vier hochkarätige Künstler, vier autonome Ausdrucksebenen: Sprache, Bild, Tanz, Musik. Hausregisseur Bodo Bühling übernahm die Regie. Seine Aufgabe war es, diese vier Stränge miteinander zu verknüpfen und zu einem Ganzen zu verweben. Dies geschah zunächst in Konzept-Proben, die in unregelmäßigen Abständen über einen Zeitraum von sechs Monaten stattfanden, wo der jeweils neueste Stand des Projekts besprochen und diskutiert wurde, Texte gelesen, Szenen angespielt, musikalische Fragmente zugeordnet wurden. Darauf folgten zwei intensive Tage Stellproben in einer mühsam verdunkelten Turnhalle, die

Oben:
Schauspieler Wolf Euba
(Foto: Christoph Hellhake)

Unten:
Tänzer Stefan Maria Marb

uns für die Zeit der großen Ferien zur Verfügung stand, und in der ich eine 1:1 Bühnensituation geschaffen hatte mit allen nötigen technischen Einrichtungen. Hier wurde das ganze Stück von Anfang bis Ende durchgestellt und protokolliert. Dies bildete die Grundlage für die Herstellung und Ausstattung. Als alles soweit fertig war, begannen die eigentlichen Proben – vier Wochen in einem gemieteten Probenraum, denn unser eigener war für „Sisyphos" zu klein.

Die Bühne ist eine mit schwarzem Tanzteppich ausgelegte Fläche von 8 m Breite und 6 m Tiefe. Durch einen beweglichen, transparenten Vorhang ist diese Fläche in ein Davor und ein Dahinter geteilt. Dieser Vorhang dient zugleich als Projektionsfläche für das Schattenspiel. Hinter dem Vorhang ist ein schwarz bespannter Kubus, an dessen Rückseite die ganze Licht- und Projektionstechnik untergebracht ist. Links, auf einem Tennis-Schiedsrichterstuhl, sitzt der Sprecher, rechts mit beleuchtetem Notenpult die Akkordeonspielerin.

Die Figuren sind sehr unterschiedlich. Es gibt winzige Flachfiguren, die auf den Overhead-Projektoren geführt werden – meist in einer Flüssigkeit als Medium –, und die auf dem Vorhang groß erscheinen und mit dem Tänzer, bzw. dessen Schatten gemeinsam agieren. Alle anderen Figuren sind dreidimensional, von Finger- über Handpuppen bis zu Stabfiguren, wie z.B. ein großer, aus filigranem Drahtgerüst gebauter Tod. Allerdings hat das Figurenspiel nur eine untergeordnete Funktion. Es sind in erster Linie der Tänzer und sein Schatten in einem projizierten und teilweise bewegten Bühnenbild, welche die Handlung visuell transportieren.

Für mich als Figurenbildner und Szenograph war in diesem Projekt vor allem das Verzahnen von Tanz, Schattenspiel und Bild eine große Herausforderung und Erweiterung meiner Erfahrung. Wir haben „Sisyphos" bisher in zwei kompakten Spielzeiten präsentiert, darunter in den Festivals und Figurentheatertagen von Schwäbisch-Gmünd, Dachau, Brandenburg, Schweinfurt und Göttingen. Die Publikumsreaktionen waren sehr positiv, die Presse durchweg gut bis enthusiastisch. Bei unserer Premiere in Gauting im Oktober 2003, erhielten wir den Publikumspreis des Theaterforums. Dass wir es dennoch nicht öfter gespielt haben, lag zum einen an dem zu großen bühnentechnischen Aufwand, der die personellen Kräfte der „Puppet Players" überforderte. Zum anderen war es schwierig, Termine zu fixieren inklusive der nötigen Wiederaufnahmeproben, denn alle Mitwirkenden haben einen vollen Terminkalender – das ist der Nachteil so einer „All-Star-Band".

Wolf Euba schreibt im April 2010:
„Als Orpheus sang und zu den Worten rührte die Saiten..."
Der magische Anfang einer magischen Aufführung. In der Mitte die riesige

Projektionsleinwand mit ihren höchst lebendigen Schattenwesen. An der einen Seite die feinfühlige Akkordeonistin Maria Reiter, an der anderen W. E., der Erzähler auf einem Hochsitz. Und auf einmal der Tänzer: Stefan Marb windet sich unter der Leinwand hervor, versucht mit konvulsivischen Bewegungen sich aus den imaginären Fesseln seines Geschicks zu befreien. Stefan Ficherts großartige Bühnenvision des alten, immer aktuellen Mythos vom Sisyphos. Kongenial der vielschichtige Text von Hartmut Riederer, in seinem verführerischen Neben- und Ineinander verschiedenster sprachlicher Ebenen ein Labsal für einen literaturhungrigen Rezitator! Faszinierend auch die paar Momente hinter der Leinwand: welche Konzentration und Intensität der Spieler!

Wie gerne wäre ich vor vielen Jahren schon bei der Puppet Players wunderbarer „Geschichte vom Soldaten" dabei gewesen. Und wie froh bin ich, dass ich den Sisyphos miterleben und – gestalten durfte!

Wie viele Aufführungen es waren? Auf jeden Fall viel, viel zu wenige! Süchtig hätte man werden können...

Unten und rechts oben: „Sisyphos"
Stefan Maria Marb in Aktion (Fotos: Christoph Hellhake)
Rechts unten: Modellfoto zu „Sisyphos"

Fotos diese und nächste Doppelseite:
„Sisyphos": Stefan Maria Marb in Aktion
(Fotos: Christoph Hellhake)

„Sisyphos": Autolikos oder der Rinderdiebstahl (Foto: Christoph Hellhake)

Fünfzehntes Kapitel

REGIE FÜR MUSIKTHEATER –
„EINE BRANDENBURGER TRILOGIE"
„Tranquilla Trampeltreu", „Norbert Nackendick"
und „Das Traumfresserchen"

Schon im Jahr 1984 begegneten wir zum ersten Mal dem Komponisten Wilfried Hiller. Er hatte damals Gedichte von Michael Ende vertont und plante eine szenische Darbietung mit seiner Frau, der Schauspielerin und Sängerin Elisabeth Woska als Interpretin. Sie hatten von uns gehört, wir luden sie ein nach Gauting, uns reizte das Projekt, und wir sagten zu. Stefan baute einen alten Marktkarren zu einer Bühne um, den die Sängerin am Anfang der Vorstellung auf das Podium schieben und am Ende wieder hinausziehen konnte. Es entstand ein feinsinniges Nummernprogramm unter dem Titel „Trödelmarkt der Träume". In einem kupferfarbenen Rahmen entfaltete sich ein traumhafter Reigen surrealer Bilder, wie zum Beispiel ein unsichtbarer Seiltänzer, ein Mädchen aus Papier oder ein Wolf, der nicht einschlafen kann und die Lämmer zählt. Zur Premiere 1984 kam Michael Ende, und wir feierten im Anschluss an die Vorführung noch alle zusammen beim Italiener. Unser damals 11-jähriger Sohn Jakob, der alle Ende-Bücher, deren er habhaft werden konnte, gelesen und zum Teil selber auf Kassette aufgesprochen hatte, durfte neben dem hoch verehrten Dichter sitzen. Er schaute ihn unaufhörlich von der Seite an. Ende unterhielt sich mit den Erwachsenen am Tisch, und das Kind war zu scheu, sein Idol anzusprechen. Trotzdem konnte er voll Stolz sagen: „Ich bin neben Michael Ende gesessen!"

Komponist Wilfried Hiller
(Foto: Walter Rogge, 2009)

Es kam zu einer ganzen Reihe von Aufführungen, in denen wir selbst mitwirkten, bis dann andere Puppenspieler unseren Part übernahmen. Die musikalische Feinarbeit, in der uns der Komponist selber vor Ort unterwies, gehört zu den angenehmsten, humorvollsten und lehrreichsten Erinnerungen an diese Inszenierung.

Wir ahnten damals noch nicht, dass Wilfried Hillers Musik uns in weiteren vier Inszenierungen begleiten würde: Das bereits beschriebene Schattenspiel „Der Josa mit der Zauberfiedel" (1990) – Kinderkonzert der Münchner Philharmoniker mit Heinrich Klug, sowie „Tranquilla Trampeltreu" (2003), „Norbert Nackendick" (2006) und „Das Traumfresserchen" (2009) – unsere drei Inszenierungen für das Stadttheater Brandenburg mit den Brandenburger Symphonikern unter General-

Bühne von „Der Trödelmarkt der Träume", 1984

Wolfgang Rudolph,
Leiter der Sparte Puppenspiel am Brandenburger Stadttheater

Michael Helmrath,
Generalmusikdirektor der Brandenburger Symphoniker

musikdirektor Michael Helmrath. – Der Puppenspieler Wolfgang Rudolph hat zur Wende 1989 die Sparte Puppenspiel am Stadttheater Brandenburg ins Leben gerufen und dort die jährlichen „Brandenburger Puppentheatertage" im Oktober eingeführt. Zu diesem Puppentheaterfestival wurden wir „Puppet Players" 1996 das erste Mal mit unserer Inszenierung von Aitmatows „Der Weiße Dampfer" eingeladen. Seither zeigten wir jedes Jahr eine unserer Produktionen, darunter auch „Der Josa mit der Zauberfiedel". Michael Helmrath schaute sich diese Aufführung an, und das inspirierte ihn, mit seinem Orchester eine Musiktheaterinszenierung mit Puppenspiel zur Aufführung zu bringen. Dazu ist zu sagen, dass Puppentheater und Orchester heute die zwei Säulen sind, auf denen das einst vier Sparten umfassende Theater ruht. Die Brandenburger Symphoniker unter Michael Helmrath haben sich einen Ruf weit über Brandenburgs Grenzen erworben und auch weit über die Grenzen des üblichen Klassik-Konzertbetriebs hinaus durch Aufführungen auf der Empore des Brandenburger Doms, entlang der Havel-Regattastrecke und im alten, stillgelegten Stahlwerk – einst Hauptarbeitgeber der Stadt.

Susanne, die als Regisseurin vorgeschlagen wurde, einigte sich mit Michael Helmrath, als Debüt dieser Zusammenarbeit Michael Endes Tierfabel „Tranquilla Trampeltreu, die beharrliche Schildkröte" auf die Bühne zu bringen. Auch hierzu hatte Wilfried Hiller die Musik geschrieben. Da Stefan mit „Sisyphos" beschäftigt war, übernahm Lyndie Wright das Design und zusammen mit John Roberts die Herstellung der Puppen und der Bühne. Es war eine Paravent-Bühne, die rechts neben dem Musiker-Ensemble aufgestellt war und über eine Spielleiste und einen rollenden, bemalten Seidenhintergrund verfügte. Wolfgang Rudolph übernahm die Rolle des Erzählers vor dem Paravent. Die Puppenspieler agierten im Verborgenen. Anders 2006 bei unserer nächsten Inszenierung, wieder aus der Feder von Michael Ende und Wilfried Hiller, „Norbert Nackendick, das nackte Nashorn", wo ein lebensgroßes Rhinozeros aus der Bühne bricht und ins Publikum stürmt. Diesmal hatte Stefan die Entwürfe geliefert und zusammen mit Lyndie Wright verwirklicht. Da Ende und Hiller sich als ein so geistreiches und zugkräftiges Autorenteam bewiesen hatten, beschlossen wir, ihnen treu zu bleiben und die veritable, kleine Oper „Das Traumfresserchen" 2009 herauszubringen. Design und Herstellung blieb in Stefans Hand, und wieder half Lyndie in der Gautinger Werkstatt. Die Puppenkostüme nähte unsere Freundin und Schneidermeisterin Rosemarie Kurz. Diesmal nahm das Figurenspiel die gesamte Bühnenfläche ein. Das 26-köpfige Orchester und die fünf Sänger saßen an der Seite des Zuschauerraumes.

Große Tischfiguren im Stil des Schwarzen Theaters wurden auf offener Bühne gespielt. Das variable Bühnenbild entstand durch verschieden hohe, farbige Spielpodeste, die zu immer neuen Konstellationen gruppiert werden konnten. Premiere war am 18. Februar 2009. Hiller kam aus München, ihm hat es gefallen, gut sogar, Hochstimmung bei der Premierenfeier, Gastspiele in Frankfurt/Oder und Potsdam wurden geplant, Wiederaufnahmeproben noch im Herbst des gleichen Jahres. Schön!

Susanne berichtet von ihrer Regiearbeit:

Der erste Schritt bei solch einer Aufgabe ist für mich, festzulegen für welches Publikum, für welche Altersgruppe und für welche Bühnensituation das Stück inszeniert werden soll. Dann gilt es, die Frage zu beantworten, welches Puppenmedium, welcher Stil eignet sich für die spezielle Geschichte. Als nächstes versuche ich, mich in die Intention des Autors hineinzudenken. Was ist ihm wichtig, und wie kann ich dem gerecht werden? Muss ich bei meiner Inszenierung womöglich Gewichtungen ändern zugunsten eines klaren dramatischen Ablaufs? Wieweit bin ich dazu befugt?

Jetzt kommt der zweite Schritt: Das Ringen um das Wie der Ausstattung mit meinem Partner Stefan. Seit 40 Jahren setzen wir immer wieder die Harmonie unserer Zweierbeziehung aufs Spiel, da wir verschiedene Vorstellungen und Kriterien haben. Da geht es nicht nur um Ästhetisches oder Puppenbauliches, sondern auch um Aufwand und Wirkung. Das Ergebnis dieser Überlegungen ist dann ein von Stefan entworfenes, visuelles Konzept. Ein Bühnenmodell und die Entwürfe der Puppen werden frühzeitig in Brandenburg vorgestellt. Sobald die Intendanz grünes Licht gibt – und das war bisher immer der Fall – geht es in der Gautinger Werkstatt ans Umsetzen. Hier sei angemerkt, dass meine ganze Inszenierungsarbeit vergeblich wäre, wenn ich nicht Stefans wunderbare Figuren zur Verfügung hätte.

Susanne Forster, Regisseurin:
2003 „Tranquilla Trampeltreu"
2006 „Norbert Nackendick"
2009 „Das Traumfresserchen"
(Foto: Christoph Hellhake)

Dann beginnt die Einstudierung, die Proben in Brandenburg. Meine sechs Spieler sind ausgebildete und erfahrene „alte Hasen", machen ihr eigenes Theater und haben daher sehr individuelle Ausgangskriterien – Marita Dörner und Wolfgang Rudolph, Frank Schenke, Julia und Michael Kusior, und Katha Seyffert, die den hauseigenen Puppenspielbetrieb betreut. Wie kann ich sie alle unter einen Hut bringen? Wie führe ich sie zu den Rollen, von denen ich annehme, dass sie ihnen liegen und dass sie ihr Herzblut hineinlegen werden? Wie weit soll ich sie erst einmal ausprobieren und anbieten lassen, wann eingreifen? Wo brauchen sie einen Halt, wo eine Führungslinie von mir? Wann muss ich vorsichtig sein, um nicht zu verletzen, wann kann ich unbekümmert kritisieren, wenn mir etwas nicht gefällt? Wie kann ich das große Potenzial jedes Einzelnen zum Wohle der Inszenierung maximal nutzen, denn nur dann fühlt sich der Spieler wohl und am rechten Platz? Fragen über Fragen.

Die Fragen hören auch nicht auf, wenn es zur Koordination von Musik und Puppenbewegung kommt. Das ist jedes Mal ein großes und immer wieder neues Abenteuer, das mich leidenschaftlich beschäftigt: Da ist erst einmal die Frage zu klären, ob die singenden Puppen auf der Bühne, wie verkleinerte Opernsänger agieren sollen, oder gestisch den Inhalt ihres Gesangs interpretieren. Ich tendiere zu letzterer Lösung, weil es vom Spieler größere Gestaltungskraft fordert und damit die Geschichte klarer macht. Die rein musikalische Ausrichtung verführt zum „Takten", d.h. zur Verdoppelung von Bewegung und Musik, was ganz bald langweilig wird. Wann aber verlangt eine Musikszene akkurate, rhythmische Genauigkeit, die dann beglückend und zündend wirkt? Wann kann ich Spannung erzeugen durch bewusste Bewegungen gegen die Musik? Das bedeutet z.B. bei einem aufgeregten Stück Musik sehr langsame und gebundene Bewegungen der Puppe oder umgekehrt. Da kann man Seelenzustände und Konflikte schildern, das Publikum verblüffen und zum Mitdenken zwingen. In diesem Zusammenhang möchte ich an Stanley Kubricks „Odyssee im Weltraum 2001" erinnern, wo das Raumschiff im All durch die Sterne gleitet und dazu der Johann-Strauss-Walzer „An der schönen Blauen Donau" erklingt. Jeder empfindet diesen Kontrast als hinreißend und genial. Ich habe noch kein Rezept für die Anwendung dererlei Kunstgriffe gefunden, ich weiß nur, dass ein pedantisches Ausformulieren der Musik und die ständige Bewegung zur Musik das Geschehen auf der Bühne schwächen. Was im Gedächtnis des Betrachters bleibt, sind Zäsuren und ruhige, lange, die Stimmung widerspiegelnde Gesten. Im „Traumfresserchen" habe ich hart um diese kämpfen müssen, weil das für die Puppenspieler wider ihren rhythmischen Impuls geht. Aber Herausforderungen sind ja für Künstler das Wesentliche und letztlich willkommen.

Es ist eine Freude, die Hingabe des Dirigenten an Hillers Musik , und die Lust an der Sache bei den Sängern und Musikern zu spüren. Auch Beleuchter und Techniker des Theaters geben sich sichtlich Mühe, der Inszenierung ihr volles Know-how zukommen zu lassen.

Nun gehe ich durch den Eingang am Pförtner vorbei: „Morjen, hab schon jehört, es soll jut jejangen sein, gratuliere". Auf den Korridoren des Theaters begegnen mir wohlgesinnte und vertraute Gesichter. Für mich, gewohnt an das Nomaden-Dasein des Tournee-Theaters, bedeutet das Stadttheater Brandenburg mittlerweile eine Art Heimat, in der ich mich wohl fühle, besonders in der Theaterklause nach sechs Stunden Probe bei einem Glas Rotwein.

Wilfried Hiller schreibt im Mai 2010:
Als ich 10 Jahre alt war, musste ich wegen einer schweren Tuberkulose in eine Heilanstalt im Walsertal. Die Einsamkeit war für mich als Kind in diesem Alter und unter lauter Tuberkulosekranken unendlich groß. So brachte mir eines Tags meine Mutter zusammen mit meinem Bruder auf dem Fahrrad (!) ein Puppentheatergestell und etwa 10 Handpuppen, mit denen ich dann eineinhalb Jahre für die anderen Kranken zur Aufheiterung selbstverfasste Stücke vorspielen konnte. Das war mein erster Kontakt zum Figurentheater und da er in einer so extremen Situation entstand, wurde er zu einer lebenslänglichen Liebe. Als meine Frau Elisabeth Woska plante, nach Liedertexten, die ihr Michael Ende aus Italien geschickt hatte, „szenische Miniaturen" zu entwickeln, schlug ihr „der dicke Max", ihr Graphiker, die Puppet Players zur Mitarbeit vor. Es war eine ideale Empfehlung und so konnte in gemeinsamer Arbeit ein Projekt entwickelt werden, wie es mit Menschentheater allein nicht möglich ist. „Die Dame mit der Marionette", „Der hungrige Wolf" oder „Der Seiltänzer Felix Fliegenbeil" sind aus meinem Lebenswerk in dieser Konstellation nicht mehr wegzudenken. Wir hatten die Chance, mit diesem „Trödelmarkt der Träume" im Winter 1984/1985 den Kleinen Konzertsaal im Gasteig München zu eröffnen und vielen Menschen Freude mit nach Hause zu geben.
Die Zusammenarbeit mit den Puppet Players wurde 1990 fortgesetzt in „Der Josa mit der Zauberfiedel" mit Heinrich Klug und den Münchner Philharmonikern. In der Folgezeit entstanden in idealer Weise mit den Brandenburger Symphonikern unter dem Dirigenten Michael Helmrath 2003 „Tranquilla Trampeltreu", 2006 „Norbert Nackendick" und 2009 „Das Traumfresserchen" in Verbindung von Menschen- und Figuren-Theater. Michael Endes Satz „Für Kinder nur das Beste" wurde in diesen Produktionen auf hohem Niveau umgesetzt.

Generalmusikdirektor Michael Helmrath schreibt im April 2010:
Als der langjährige Puppenspieler des Brandenburger Theaters, Wolfgang Rudolph, mir vor nunmehr acht Jahren seine Idee einer Puppentheaterproduktion mit Orchester vorstellte und als ersten Vorschlag „Tranquilla Trampeltreu" unterbreitete, hatte er keinerlei Mühe, mich zu überreden, dieses Projekt zu unterstützen und selbst zu leiten. Der Autor, Michael Ende, hatte mich seit meiner Kindheit begleitet, ich hatte alle seine Bücher verschlungen und auch als Erwachsener noch Freude daran gefunden; den Komponisten, Wilfried Hiller, kannte ich sehr gut aus meinen Münchner Jahren, ich liebe seine sparsame und auf das Wesentliche konzentrierte Kompositionsweise (seine Werke kommen mir immer vor wie japanische Haikus), ich hatte mich schon damals mit ihm

auch persönlich angefreundet, und die Puppenspielerin Susanne Forster, die für das Projekt vorgeschlagen wurde, kannte ich ebenfalls bestens aus ihren wunderbaren Aufführungen in München.

Ende, Hiller und Forster: Ein Dreamteam, bei dem ich unbedingt mit dabei sein wollte. Schon in den ersten Konzeptionsbesprechungen mit Susanne Forster, in denen sie mir ihre auf das kindliche Publikum zugeschnittene Fassung der Geschichte darlegte, war ich beeindruckt von der Kompetenz, mit der sie die Erwartungen der jungen Zuschauer begriff und behutsame Änderungen und Umstellungen der, wie bei Michael Ende üblich, vieldeutigen und vielschichtigen Geschichte empfahl.

Der Anblick der phantastischen, unendlich liebevoll gefertigten Figuren erhöhte dann noch die Vorfreude auf die kommende Zusammenarbeit, und es war beglückend zu erleben, wie in der Probenarbeit die Tiere lebendig wurden und sich immer mehr die Einheit zwischen Geschichte, Musik und Puppen einstellte. Beim Beobachten der Schildkröte, Eidechse, Krähen, des Löwenpaares und aller anderen Gestalten wurden wir alle wieder zu Kindern, auch die Musiker, die sich mit großer Freude einbrachten und sichtbar Vergnügen an der ungewohnten Begegnung fanden. Tatsächlich tritt beim Betrachten des Puppentheaters binnen kurzem unweigerlich der Illusionseffekt auf: Man vergisst, dass man „nur" Puppen sieht, man nimmt ihnen ihre Handlungen und ihre Gefühle ab, man identifiziert sich mit ihnen.

So ging es auch den Kindern, die die Vorstellungen zahlreich besuchten: Susanne Forster hatte alle Reaktionen richtig eingeschätzt, die kleinen Zuschauer verfolgten das Geschehen mit großer Konzentration und viel Anteilnahme: Keine Selbstverständlichkeit, denn die Inszenierung hatte ganz bewusst keine Zugeständnisse an Fernseh- und Video-Sehgewohnheiten gemacht – die Geschichte wurde in großer Ruhe erzählt (schließlich geht es auch gerade darum, wie man mit Beharrlichkeit und Unbeirrbarkeit sein Ziel erreicht) und verzichtete auf laute Knalleffekte.

Nach dem großen Erfolg der „Tranquilla" war es der einhellige Wunsch, in diesem Sinne weiterzumachen: Es folgte „Norbert Nackendick" (wieder Ende/Hiller) mit einem riesigen, beinahe lebensgroßen Nashorn, in dem zwei Puppenspieler steckten und das den Kindern einigen Respekt einflößte, sowie mit vielen weiteren, erneut Begeisterung hervorrufenden, subtil und mit viel Humor gestalteten Puppen (besonders gerne erinnere ich mich an die Erdmännchen und die herrlich eklige Hyäne), wieder aus der Werkstatt von Stefan Fichert. Und dann das „Traumfresserchen", die Erfolgsoper des Duos Ende-Hiller, diesmal in der bislang noch nicht gebotenen Puppenversion (nicht ganz abwegig, denn in der Partitur wird vorgeschlagen, die Titelrolle mit einer Puppe zu

besetzen) mit Sängern aus dem „Off": Eine ebenso lustige wie poetische und hintergründige Produktion, die, ebenso wie die beiden anderen, nicht nur Kinder begeisterte. Es gab unter den erwachsenen Zuschauern etliche „Wiederholungstäter", die davon nicht genug bekommen konnten. Besonders glücklich bin ich darüber, dass Wilfried Hiller zu unserer Premiere kam und so herzliche und lobende Worte für uns fand.
Ich kann ohne Übertreibung sagen, dass diese Produktionen, die Zusammenarbeit vom ersten Konzeptionsgespräch bis zur letzten Vorstellung, zum Schönsten und Beglückendsten gehören, das ich am Theater habe aufführen dürfen.
Und da unser Publikum und sämtliche Mitwirkenden dies auch so sehen, setze ich mich dafür ein, dass wir in diesem Sinne weiter machen können.
Liebe Susanne, lieber Stefan, liebe Puppenspieler – habt sehr herzlichen Dank für diese wunderbare Begegnung, und: bis bald!

Elisabeth Umiersky, Sängerin, schreibt im März 2010:
„Norbert Nackendick" und „Traumfresserchen" am Theater Brandenburg zählen ganz sicher zu den schönsten, liebenswertesten und zauberhaftesten Produktionen meiner ziemlich langen Karriere. Die kreischende Hyäne, der freche kleine Vogel und die tratschenden Schreckschrauben – Traumrollen! Und völlig ungewohnt: uneingeschränkte Begeisterung bei allen Zuschauern zwischen 5 und 80! Liebe Puppet Players – jederzeit auf ein Neues.

Wolfgang Rudolph, Leiter des Brandenburger Puppentheaters, schreibt im März 2010:
Mitte der neunziger Jahre lud ich auf Empfehlung meiner Freundin Marita Dörner die Puppet Players mit ihrem „Weißen Dampfer" zu den Puppentheatertagen nach Brandenburg ein. Daraus wurde eine schöne Tradition, d.h. die Puppet Players kamen seitdem fast in jedem Jahr mit einer ihrer Inszenierungen als Gäste zu unserem kleinen Puppenfest nach Brandenburg. Seither sind wir, Marita Dörner und ich, in herzlicher Freundschaft mit ihnen verbandelt. Als dann in den Jahren 2003-2009 das Brandenburger Theater nacheinander 3 Regieaufträge an Susanne Forster und 3 Ausstattungsaufträge an die Puppet Players vergab – eine Ende/Hiller Trilogie: Tranquilla Trampeltreu (Ausstattung Lyndie Wright), Norbert Nackendick und Das Traumfresserchen (Ausstattung Stefan Fichert) – hatten wir das Glück, in allen drei Inszenierungen mitzuwirken. Gern denken wir an die schöne, anstrengende, meistens fröhliche, mitunter kontroverse aber immer konstruktive Zusammenarbeit in Brandenburg und in Gauting zurück. Habt herzlichen Dank!

Katha Seyffert,
Puppenspielerin im
„Traumfresserchen",
Brandenburg 2009
(Foto: Walter Rogge)

Katha Seyffert, Puppenspielerin, schreibt im März 2010:

Ich bin sehr dankbar für die Möglichkeit, so aktiv am Traumfresserchen beteiligt gewesen zu sein, weiß es sehr zu würdigen, ein Teil eines so großen Ganzen zu sein, mit Orchester, Sängern, und 5 Kollegen die schönen, liebevoll gearbeiteten Figuren von Euch führen zu dürfen, ich als nicht ausgebildeter technischer Mitarbeiter der Puppenbühne.

Immer wenn ich die DVD ansehe bin ich stolz und denke: Ja, da haben wir, trotz aller zeitweiliger Kommunikationsstörungen zwischen Spielern und Regie etwas Gutes geschaffen. Ich durfte alle Rollen spielen, die ich spielen wollte, habe während der Proben viel gelernt, gelacht, gewartet, mich geärgert, mit Kopfschütteln Dinge hingenommen, war albern und euphorisch, habe viel über Menschen gelernt.

Beim Spielen waren alle negativen Umstände vergessen, und ich hatte richtig Spaß und denke, ich habe was Brauchbares abgeliefert. Ganz gegen meine Natur hatte ich nie Angst oder Lampenfieber, ich fühlte mich immer wohl und sicher bei dem, was ich tat auf der Bühne.

Angela Brandigi,
Regieassistentin
(Foto: Walter Rogge)

Angela Brandigi, Regieassistentin in Brandenburg, schreibt im März 2010:

Eigentlich sollte ich nur einen CD-Player bedienen…

Im Jahre 2003 rief mich der in Brandenburg lebende und am Theater arbeitende Puppenspieler Wolfgang Rudolph an und bat mich, ihm beim Einstudieren eines Textes bzw. eine Liedes, für eine neue Produktion des Brandenburger Puppentheaters, zu helfen. Das Stück heißt „Tranquilla Trampeltreu". In Brandenburg sollte es mit diesem Werk erstmalig eine gemeinsame Produktion der Brandenburger Symphoniker mit dem Puppentheater geben.

Da ich von Hause aus viel mit Musik zu tun habe (ich bin freiberuflich tätige Geigerin), und außerdem eine große Liebhaberin des Puppenspiels bin (meine drei Söhne haben alles gesehen, was auf diesem Gebiet in Brandenburg angeboten wurde) fiel Herrn Rudolphs Wahl also auf mich, ihn bei dieser musikalischen Herausforderung zu unterstützen. Schließlich war es nicht irgendwer, der die Regie für diese Produktion übernehmen sollte und alle wollten gut vorbereitet sein.

Susanne Forster und die Puppet Players waren dem Brandenburger Publikum und somit mir, durch etliche Gastspiele, die sie in Brandenburg gaben, sehr gut bekannt. Und nun sollte tatsächlich Susanne Forster eine Produktion am Brandenburger Theater künstlerisch leiten. Sie bestand darauf mich kennen zu lernen, denn ihr war klar geworden, dass es für sie quasi unmöglich sein würde, sich auf die Regiearbeit zu konzentrieren und gleichzeitig einen CD-Player zu bedienen, um zur richtigen Zeit die richtigen musikalischen Sequenzen einzuspielen. Dafür gab es eine Aufnahme, mit welcher die Puppenspieler proben sollten. Susanne Forster machte mich kurzerhand zur Regieassistentin, klärte das mit der Geschäftsleitung, und so ward ich angestellt, das Orchester per Knopfdruck zu ersetzen und Frau Forster in dieser Hinsicht den Rücken freizuhalten.

Meine Ehrfurcht vor kreativ arbeitenden Künstlern dieser Qualifikation kannte damals wie heute keine Grenzen, und so war es mit einiger Aufregung verbunden, plötzlich mit ihnen an einem Tisch zu sitzen. Ich verzog mich mit meiner Partitur hinter den CD-Player und versuchte, so unauffällig wie möglich meinen Dienst zu tun und nebenbei fasziniert der Entstehung einer Inszenierung zuzuschauen.

Von wegen zuschauen! Frau Forster holte mich recht bald aus meinem Versteck und wünschte zu einigen Entscheidungen meine Meinung zu hören. Und schneller als ich es je für möglich gehalten hatte, gehörte ich plötzlich zum Team und war mittendrin im Geschehen. Ihre Fähigkeit, eine sehr persönliche Nähe zu allen Beteiligten aufzubauen, stellt eine große Besonderheit in ihrer Arbeit dar. Wie in einer großen Familie hat im Team jeder seinen Platz, und ist auf diesem unersetzbar und wird ernst genommen. Die unterschiedlichen Fähigkeiten eines Jeden, egal welcher Art, ist Susanne Forster in der Lage wahrzunehmen und zu würdigen. So ist die Arbeit mit ihr immer ein Miteinander, und alle sind in ihren Positionen von unschätzbarer Wichtigkeit.

Das bedeutet jedoch nicht, dass sie sich ihre Konzeption aus der Hand nehmen lassen würde. Diese steht wie ein Fels in der Brandung, und möglich sind höchstens kleine Retuschen, deren Notwendigkeit im Laufe der szenischen Arbeit zutage treten.

Im Laufe der gemeinsamen Arbeit wurde aus meinem eher bescheiden angelegten Auftrag, nämlich per Knopfdruck ein Orchester zu ersetzen, eine hochinteressante Arbeit an der Seite einer hoch geachteten Regisseurin.

Bald wurden mir Aufgaben zuteil, welche Susanne Forster mir wohl zutraute, ich aber lange noch nicht. So gab es Einzelproben mit Puppenspielern, an welchen sie nicht zu erscheinen gedachte, da auch eine Regisseurin mal einer verlängerten Mittagspause bedurfte, um z. B. die Familie nebst Kindern, eines unserer Puppenspieler, oder das Schwein unserer hochgeschätzten und unersetzbaren Technikerin Katha, zu besuchen.

Wir anderen bearbeiteten unterdessen wichtige Details und Szenen in kleinerer Besetzung. Plötzlich war ich zur Regieassistentin mit verantwortungsvollen Aufgaben mutiert. Danke, liebe Susanne, diesen Aufstieg habe ich Dir zu verdanken!

"Tranquilla Trampeltreu" wurde ein riesiger Erfolg und wir alle verspürten Lust auf weitere Projekte gemeinsam mit den Brandenburger Symphonikern und ihrem GMD Michael Helmrath. Es folgten: "Norbert Nackendick" 2006 und "Das Traumfresserchen" 2009 (beide Stücke von M. Ende und W. Hiller). Alle Inszenierungen waren von großem Erfolg gekrönt. Fazit: Das Dreamteam sollte sich noch nicht zur Ruhe setzen.

Sohn Jakob schreibt im Februar 2010:
Da ich seit 1998 weit weg von der Heimat wohne, war ich seitdem nicht mehr direkt in eine Puppet Players-Produktion eingebunden. Aber hinter den Kulissen war und bin ich weiterhin beteiligt: 2006 habe ich Wolfgang Rudolph aus Brandenburg auf seine Rolle des Moritatensängers im "Norbert Nackendick" vorbereitet, des weiteren habe ich ein Probenband von "Das Traumfresserchen" – ebenfalls für Brandenburg – erstellt, bevor dann GMD Michael Helmrath mit den Brandenburger Symphonikern den Part übernahm. Hoffentlich werden diesen Tätigkeiten viele folgen.

Jakob Fichert, Pianist
(Foto: Irina Apekisheva)

Rechte Seite:
„Tranquilla Trampeltreu, die beharrliche Schildkröte"
(Ausstattung und Figuren Lyndie Wright
mit Hilfe von John Roberts, Devon 2002)
(Foto: Walter Rogge)

Oben links: Wolfgang Rudolph,
Erzähler und Puppenspieler, 2003
(Foto: Walter Rogge)

Unten links: Der Dirigent Michael Helmrath
vor der Bühne, 2003
(Foto: Walter Rogge)

Oben und unten rechts:
Aus „Tranquilla Trampeltreu", 2003
(Foto: Walter Rogge)

Obere Reihe von links nach rechts:
Frank Schenke, Puppenspieler, Klaus Uhlemann, Sänger, Elisabeth Umierski, Sängerin
Katha Seyffert, Puppenspielerin, 2006 (Fotos: Walter Rogge)

Unten links: Die Erdmännchen aus „Norbert Nackendick", 2006

Unten rechts: Norbert Nackendick als sein eigenes Denkmal, 2006 (Foto: Walter Rogge)

Norbert Nackendick mit Wolfgang Rudolph als Moritatensänger, 2006
(Foto: Walter Rogge)

Aus „Das Traumfresserchen"
2009

Rechts: Michael Helmrath mit
den Brandenburger
Symphonikern, 2009

Mitte: Die fünf Sänger im
Traumfresserchen
Von vorne links: Esther Puzak,
Sopran; Elisabeth Umierski, Alt;
Harald Arnold, Bariton;
Maximilian von Mayenburg,
Bass; Klaus Uhlemann, Tenor
(Fotos: Walter Rogge)

Mitte links: Stefan und Lyndie
Wright in der Werkstatt

Unten von links:
Michael Kusior, Puppenspieler
Julia Kusior, Puppenspielerin
Marita Doerner,
Puppenspielerin

Rechte Seite
(Szenenfoto: Walter Rogge)

Das Traumfresserchen verschlingt die bösen Träume
(Foto: Walter Rogge)

Sechzehntes Kapitel

AUFTRAGGEBER UMWELTMINISTERIUM
„Die Unterirdischen Abenteuer des Kleinen Drachen"

Im Jahre 2005 fand in München die Bundesgartenschau statt. Nach dem Willen des Bayerischen Umweltministeriums sollte es dort auch etwas für Kinder geben. Eine junge, rührige Mitarbeiterin aus der Abteilung Bodenschutz, Dr. Elke Dietz, hatte selbst eine Idee für ein Stück entwickelt und wollte dies als Puppenspiel realisiert haben. Die Hauptfigur war ein kleiner Drache, der auf eine „unterhaltsame und lehrreiche Reise in die Welt unter unseren Füßen" geschickt werden sollte. Um aus dieser schönen Idee ein theatergerechtes Stück zu machen, musste es allerdings neu geschrieben werden. Wir bekamen in unserer Werkstatt in Gauting hohen Besuch aus dem Ministerium, den wir von einer Adaption dieser Drachengeschichte überzeugen konnten, und so bekamen wir den Auftrag.

Susanne rief gleich ihre Freundin, die Kinderbuchautorin Tilde Michels an, ob sie uns helfen könne. Regenwurm, Feldmaus, Wildkaninchen, Larven von Nachtschwärmern und natürlich der Maulwurf wurden die Akteure in diesem Kinderstück. Nach mehreren Sitzungen in ihrem Haus bei Tee und feinem Gebäck bauten wir ein Szenario. Auf dieser Grundlage schrieb sie eine kindgerechte, unsentimentale, faktentreue und poetische Geschichte: „Die Unterirdischen Abenteuer des Kleinen Drachen". In diesem Stück wurden Antworten unter anderem auf Fragen wie diese gegeben: Was hat ein Maulwurf mit einem Parkplatz zu tun? Wie viele Babies bekommt eine Feldmaus im Jahr? Und warum ist ein halber Wurm ein ganzer Kerl? Stefan baute eine geniale Bühne, die anfänglich eine Blumenwiese darstellt, dann aber durch ein System von Seilzügen hochgezogen wird und so die Verwandlung zu den unterirdischen Gefilden ermöglicht, indem es den Blick auf den Bodenquerschnitt freigibt. Wieder half Lyndie Wright aus London und stellte die Mutter Feldmaus, die Familie Wildkaninchen und den herrlichen Maulwurf her. Wir beide spielten die unterirdische Menagerie, wobei wir auf Rollhöckerchen und mit Knieschonern agierten. Als Erzählerin und Gesprächspartnerin für die Kinder schlüpfte die Schauspielerin und Tänzerin Hannelore Gray mit Gummistiefeln und Gartenschürze in die Rolle einer Biobäuerin.

Es wurden viele nette und voll besetzte Vorstellungen: 20 in München auf der Bundesgartenschau 2005, im nächsten Jahr 16 in Marktredwitz zur Landesgartenschau und die zwei darauffolgenden Jahre jeweils 20 in Nürnberg auf der

Tilde Michels, Autorin

Wöhrder Wiese. Dort fand wie jedes Jahr das „Erfahrungsfeld für die Entfaltung der Sinne" statt, eine feinsinnige und zugleich populäre Einrichtung, entwickelt nach den Ideen des Reformpädagogen Hugo Kükelhaus. Es geht in erster Linie um sinnliche Wahrnehmung, die heute mehr denn je von den virtuellen Welten verdrängt wird: Wasser, Steine, Licht, die spürbaren physikalischen Kräfte. Besonders bewegt hat uns folgende Beobachtung: Kinder zerrieben mit Pflastersteinen Getreide auf einer großen, quadratischen Granitplatte, die während des 3. Reiches von Zwangsarbeitern aus dem Lager Flossenbürg für das Reichsparteitagsgelände gehauen worden war. Wenn diese Kinder heute ihr selbstgemahlenes Mehl auf offenem Feuer zu kleinen Fladen backen, teilen und genüsslich verzehren, dann erfährt diese Granitplatte eine versöhnliche Umwidmung, auch wenn nicht viele Besucher sich dessen bewusst sind, weil nur eine unscheinbare Tafel auf die beschämende Herkunft hinweist.

Nicht weit von dieser „Fladenbäckerei" stand unser kleines Theaterzelt, an dessen Rückseite die Pegnitz vorbei floss. Zweimal täglich war es übervoll von neugierigen Besuchern, die trotz schweißtreibender Temperaturen gebannt den Erlebnissen von Drache und Maulwurf folgten. Wir waren gerne Teil dieser kreativen Einrichtung für Kinderkultur und fühlten uns wohl im Kreis der hoch motivierten Mitarbeiter.

Hannelore Gray,
Schauspielerin

Hannelore Gray schreibt im März 2010:
Die oberirdischen Abenteuer der Hannelore Gray:
Ziemlich spät in meiner abwechslungsreichen Laufbahn als Schauspielerin kam ich mit dem Puppentheater in Berührung, kurz gesagt mit den „Puppet Players". Und das hat Riesenspaß gemacht. Wir erarbeiteten ein Stück für kleine Menschen ab vier Jahren. „Die Unterirdischen Abenteuer des Kleinen Drachen". Dass der Maulwurf echten Dreck, also Erde, auf die Bühne schmeißt während er an seinen Gängen arbeitet oder dass der Regenwurm mit tiefer Bassstimme spricht und dem Drachen am Ende wirklich Flügel wachsen, waren nur einige von den kleinen Wundern dieser Aufführung.
Das Konzept erlaubte während der Vorstellung die Teilnahme der Kinder, indem ich als menschliche Mittlerin in der Rolle einer Biobäuerin die Verbindung zu den auftretenden Tierpuppen herstellte. Wie eben zum kleinen Drachen, dem Maulwurf, dem Regenwurm, der Feldmaus, dem Hasen und wieder zum am Ende erwachsenen Drachen.
Als der nämlich alle seine unterirdischen Abenteuer bestanden hatte und über die Unterwelt so richtig Bescheid wusste, waren ihm vor lauter Gescheitheit Flügel gewachsen, und er durfte heim ins Drachenland fliegen.

Manche der Aussprüche, Anregungen, Belehrungen der Kinder werde ich nicht vergessen. Eine Vierjährige aus der ersten Reihe laut und vernehmlich: „Du, wie heißt denn Du?" oder „Mach Dir nix draus, des wächst wieder nach", als die Amsel dem Regenwurm seine hintere Hälfte abgerissen hatte. Oder – „Ich weiß genau, wie viele Drachen da mitgespielt haben", ein kleiner Mathematiker mit Brille, ungefähr sechs Jahre – „das war nicht nur einer!" Ich: „So, wie viele waren's denn?" – „Drei" – antwortet das angehende Genie – „ein kleiner, ein mittlerer und ein großer!" Und Recht hatte er. Oder die Frage an alle, als ich die Maus gefangen hatte, die sich vorher in der Scheune am Weizen gütlich getan hatte: „Und was machen wir jetzt mit ihr?" Aus der hinteren Reihe tönte es: „Hin machen!" – ein Junge, vielleicht sieben Jahre, mit einschlägigen Mäuseerfahrungen. „Nein!" schrie die Mehrheit – „Frei lassen! Zurück ins Mäusenest!" So blieb jede Vorstellung neu und lebendig und immer irgendwie anders: Zur großen Freude der Zuschauer und auch der Akteure.

Theaterzelt auf dem „Erfahrungsfeld der Sinne"
in Nürnberg, 2007 und 2008

Szenen aus „Die Unterirdischen Abenteuer des Kleinen Drachen"
Ausstattung Stefan Fichert, Figuren Lyndie Wright

Rechte Seite
Unten: Hannelore Gray als Biobäuerin mit dem Drachen

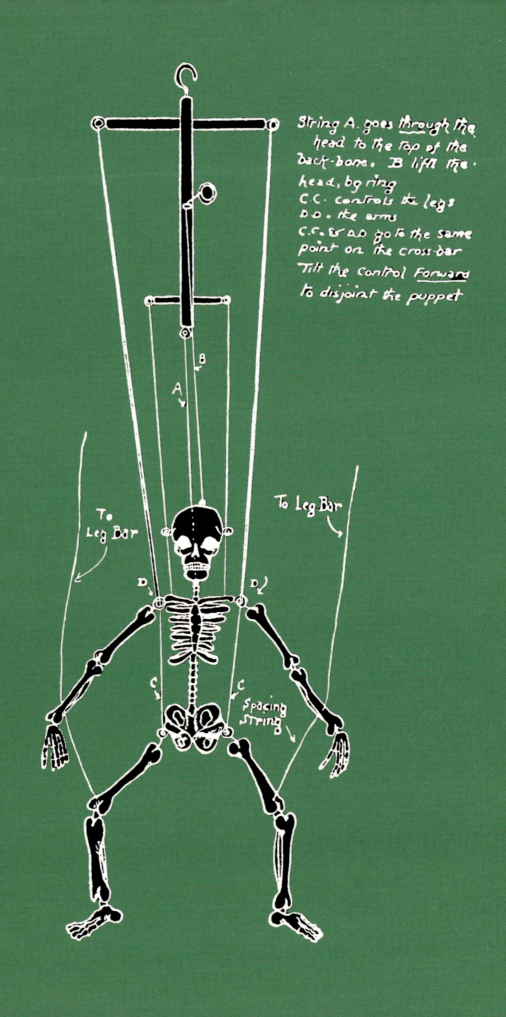

Siebzehntes Kapitel

ZURÜCK ZUR MARIONETTE
„Mozart auf Reisen"

2005 fand nicht nur die Bundesgartenschau in München statt, sondern wir feierten auch in Gauting 25 Jahre der glücklichen Zusammenarbeit und Freundschaft mit Heinrich Klug. Da 2006 der 250. Geburtstag von Wolfgang Amadeus Mozart bevorstand, sollte das Kinderkonzert der Münchner Philharmoniker diesem zugkräftigsten aller Komponisten gewidmet sein. Und so besannen wir uns, zusammen mit Maria Reiter, nach den vielen musikalischen Experimenten wieder auf die Klassik. Heinrich Klug hatte die Kompositionen des 6 bis 10-jährigen Mozart aus dem „Londoner Notenbuch" und dem „Galimathias musicum" herausgesucht und spielte sie uns vor. Wir waren begeistert. Susanne fiel die Aufgabe zu, ein szenisches Konzept auszuarbeiten. Da die Zeit der Kompositionen mit der Zeit der großen Reise der Mozartfamilie durch Europa zusammenfiel, nannte Susanne das Stück „Mozart auf Reisen". Was die Struktur des Inhalts betraf, hatten Heinrich und Susanne nicht immer die gleichen Ansichten, doch sie rauften sich zusammen, und da bekanntlich der Konflikt der Vater aller Dinge ist, wurde unser gemeinsames Kinderkonzert ein höchst beliebter Renner, den wir auch heute noch gerne spielen. Und was passt zu klassischer Musik besser als klassische Marionetten? Damit sind traditionelle, an Fäden geführte Figuren gemeint, so wie sie im 18. und 19. Jahrhundert aus Italien kamen und in ganz Europa eine Hochblüte erlebten.

Wir hatten viele Jahre das Vergnügen gehabt, mit historischen Marionetten aus dem Fundus unseres Kollegen George Speaight aus London Aufführungen zu geben (siehe Seite 61). So hatten wir ihren Unterhaltungswert kennengelernt und unser Können an ihnen erprobt. Diese Figuren standen uns nicht mehr zur Verfügung, sondern waren als Britisches Kulturgut an das „Victoria and Albert Museum" verkauft worden. Trotz unserer Trauer um diesen Verlust, hatte dies auch sein Gutes. Stefan bekam Lust, selbst einen Satz Marionetten zu schnitzen. Wir hatten nämlich die schmerzliche Erfahrung gemacht, dass die abgenähten und ausgestopften Stoffglieder der 170 Jahre alten „Old Time Marionettes" nur selten den Absichten des Puppenführers gehorchen wollten, vor allem, wenn sie glaubhaft Schritte machen sollten. So stattete Stefan nach dem Vorbild unseres Meisters John Wright die Figuren mit mechanisch zu-

Plakat für „Mozart auf Reisen", 2005

Heinrich Klug, Mentor und Motor der Kinderkonzerte

Werner Grobholz, „Zaubergeiger" der Kinderkonzerte

verlässigen Holzgelenken aus. Außerdem verwendete er für seine 17 Figuren die vom Little Angel Theatre gewohnten Spielkreuze, kombiniert jedoch mit der Schnürung unserer einfallsreichen Kollegen aus dem vorletzten Jahrhundert. Stefan widmete dem Bau dieser Marionetten ein gutes halbes Jahr. Susanne plante die Kostüme und unsere Meisterschneiderin Rosemarie Kurz führte sie aus.

Es entstand eine Revue von verschiedenen Nummern, wobei die einzelnen Szenen die Erlebnisse auf der Reise so darstellten, wie sie in Mozarts kindlicher Vorstellung im Wachen oder Träumen erschienen sein mögen. Geduldig probten Maria und Heinrich mit uns in der Werkstatt, und Peter Geierhaas, der bewährte Fachmann für effektvolle Marionettenführung zur Musik, half uns mit der Regie. Heinrich moderierte zwischen den einzelnen Nummern. Sein Einfallsreichtum, seine geschickte Einbeziehung der Publikumskinder ins Geschehen auf der Bühne und sein nimmer versiegender Elan machen einen erheblichen Teil des Erfolgs der Inszenierung aus.

Die Marionetten für „Mozart auf Reisen", noch unbekleidet

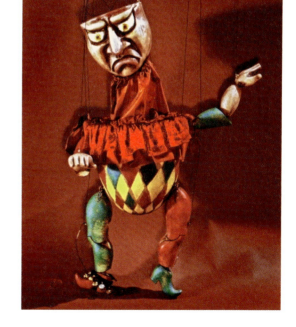

Oben: Johannes Lechner spielt um die Wette
mit Leopold Mozart
Unten: Trickfiguren aus „Mozart auf Reisen"

Das Marionettenensemble aus „Mozart auf Reisen"
(Kostüme entworfen von Susanne, geschneidert von Rosemarie Kurz)

Achtzehntes Kapitel

NEUENTDECKUNG ALTE MUSIK
„Der Blaue Kurfürst in Roten Zahlen"

Im Februar 2007 kam ein Anruf der international bekannten Gambistin Friederike Heumann, sie wolle etwas mit uns besprechen und ob sie mal vorbeikommen könne. Friederike hatte bei Susannes Vater als junges Mädchen eine Zeit lang Geigenunterricht genommen, hatte mehrere unserer Inszenierungen gesehen, und wir waren uns somit bekannt. Sie kam und erzählte uns von einem Max Emanuel in der bayerischen Geschichte. „Ist das der von der Brauerei?" wollten wir wissen, denn das war die einzige Assoziation, die wir mit diesem Namen verbanden. Ja, das sei er, bekannt als der „Blaue Kurfürst". Friederike erzählte uns, dass er nicht nur der Namenspate einer Brauerei, sondern auch ein begeisterter Musiker und Gambenspieler gewesen sei. Es gebe wunderschöne Barockmusik aus seiner Zeit für die Gambe. Sie fragte rundheraus, ob wir nicht Lust hätten, ein Puppenstück über ihn zu machen, sie würde dazu mit einem kleinen Ensemble die Gambe spielen.

Nach einer kurzen Bedenkzeit sagten wir zu. Als visuelles Konzept stellten wir uns einen reich verzierten, goldenen Bilderrahmen als Proszenium für ein Handpuppenspiel vor. Susanne machte sich bei unserer Geschichtsexpertin Rosemarie Dinkel über diesen Herrscher, der vor 350 Jahren gelebt hatte, kundig. Er war der tollkühne Krieger, der die Türken vor Wien in die Flucht geschlagen hat, zeitweise aus Bayern verbannt war, sein Sohn hätte fast das spanische Weltreich geerbt, und er hat München zur Kunststadt erhoben, Schlösser, Kirchen und Theater gebaut – und einen riesigen Haufen Schulden hinterlassen. Deshalb nannten wir das Stück „Der Blaue Kurfürst in Roten Zahlen". Bei allen Wechselbädern der Geschichte blieb er ein lebensfroher Mensch, der bei jeder Gelegenheit zu seiner Gambe griff. Susanne fand in diesem Leben viel theatralisch Attraktives und fing an, einen Bilderbogen über diesen Herrscher zusammenzustellen. In sieben Szenen wurde die Geschichte wie ein Märchen erzählt, die Fakten aber waren historisch korrekt. Susanne erinnert sich: Noch im Anfangsstadium, als aber schon die Szenenfolge feststand, lud Friederike Heumann mich ein. Sie hatte für jede der sieben Szenen einige Musikstücke aus der Zeit Max Emanuels vorbereitet, wie z.B. von Marin Marais, Louis de Caix d'Hervelois, Antoine Forqueray und Marc-Antoine Charpentier. Ich durfte passende aussuchen. In einem großen leeren Zimmer bei ihr in der Elvirastraße nahm ich am Fenster Platz. Friederike griff zur Gambe, und ich bekam ein Privat-

Konrad Wipp, Schauspieler, Puppenspieler und Erzähler in „Der Blaue Kurfürst"

konzert. Ich war bezaubert von den klaren Klängen dieses alten Instruments. Dieses Erlebnis war für mich das schönste in der Vorbereitung für unser Stück. Wir wurden uns einig in der Wahl der Musik und freuten uns schon auf unser Zusammenwirken auf der Bühne.

Das fertige Szenengerüst übergaben wir unserem erprobten Freund Hartmut Riederer: Bayer, Philosoph, Schriftsteller, Maler und Geschichtskenner. Er verlieh der Handlung Fleisch und Blut und stattete das Stück mit einfühlsamem Ernst und barocker Heiterkeit aus. Auch diese Zusammenarbeit der beiden Autoren Susanne und Hartmut war höchst inspirierend und harmonisch.

Für die Rolle des Erzählers konnten wir Konrad Wipp, unseren „barocken" Koni, gewinnen. Wir entschieden uns für Team-Regie mit der Video-Kamera als unbestechlichem Beobachter. Koni bearbeitete abends die am Tag entstandenen Aufnahmen, sodass wir sie am folgenden Morgen als Grundlage der Weiterarbeit anschauen konnten. Dank Konis enormem Engagement konnten wir bald die Musiker (Friederike Heumann, Viola da Gamba, Robert Schröter, Cembalo, Evangelina Mascardi, Barocklaute) zu uns einladen und mit ihnen proben. Gelegentlich wurde Friederike von Achim Weigl vertreten und Axel Wolf übernahm die Barocklaute. Die Finanzen waren von Friederikes Partner, dem Veranstalter Ralf Jaensch geregelt worden.

Eine unsere ersten Vorstellungen fand an dem Ort statt, wo vor gut drei Jahrhunderten der Protagonist selbst gelebt hatte: im Vierschimmelsaal der Münchner Residenz im Rahmen der Residenzwochen. Es war übervoll. Kinder saßen auf Kissen auf dem Boden, die Erwachsenen auf Stühlen dahinter. Selten dürfte dieses altehrwürdige Gemäuer mit den kostbaren Gobelins an den Wänden solch munteres Treiben erlebt haben. In der Folge haben wir noch in so manchem historischen Saal gespielt, sogar in der Höhle des bayerischen Löwen, im Maximilianeum. Es ist ein attraktives Stück geworden, sowohl für die Liebhaber der Alten Musik als auch für die des Puppenspiels. Für uns hat sich die Begegnung mit Alter Musik als ein wertvolles Geschenk erwiesen.

Hier beschreibt der Schriftsteller und Freund Gerd Holzheimer seine Eindrücke nach dem Besuch des Puppenspiels:

Max Emanuel, der Blaue Kurfürst, wie er gern genannt wird, hat in einem Anfall von Größenwahn Bayern in den Spanischen Erbfolgekrieg hinein gezogen, wollte seinen Sohn zum Kaiser machen und Amerika als Zugabe, Amerika als bayerische Provinz wie die Pfalz! Das Söhnchen starb, der Kurfürst machte sich dünn, am liebsten hätte er Bayern eingetauscht und verschachert, als wären seine Bayern Briefmarken. (...) Dafür hat er ein Bayern hinterlassen, das weit über zwei Jahrhunderte lang verschuldet war, solche Staatsschulden schafft heute keiner mehr, so sehr sich auch alle Mühe geben, allerdings auch nicht barocke Gesamtkunstwerke zu hinterlassen, wie Schleißheim oder Nymphenburg, „eine künstlerische Überhöhung ins Göttliche". Denn wenn er einmal keinen Krieg geführt hat, dann „blühen die Blumen, sind Himmel und Erde in Eintracht."

Kann man so einen Menschen, so einen Machtmenschen auf die Bühne bringen, in einem Puppentheater? Man kann – man kann, wenn man ihn sich schnitzen kann, wie Stefan Fichert, ihm einen Text auf den Leib schreiben, wie Susanne Forster und Hartmut Riederer, ein kleines aber feines Ensemble für Alte Musik namens Stylus Phantasticus und einen Erzähler dazu haben, wie ihn Konrad Wipp verkörpert. Und schon geht's los: Max Emanuels Vater Ferdinand, von dem der Erzähler weiß, dass er manchmal auch ein bisschen traurig war, „aber er sprach bayrisch und hatte ein gutes Herz", und Henriette treten auf, eine Prinzessin aus Italien, temperamentvoll und lebenslustig: das bayerische Kurfürstenpaar. Sie bekommen auch zwei Kinder, aber eben Töchter, und auch hier weiß der Erzähler Bescheid: „Wenn man damals regiert hat, brauchte man einen Sohn, den sogenannten Thronfolger, der später einmal das Regieren übernehmen sollte. Man wusste ja noch nicht, dass Töchter auch regieren können. Da tat das Kurfürstenpaar ein Gelübde: Sie versprachen, eine große Kirche bauen zu lassen, wenn sie einen Sohn bekämen." Das Versprechen wirkt. Unüberhörbar brüllt der Thronfolger, aus dem bald ein mächtiger Mann werden soll. Max Emanuel soll er heißen. Vorsichtig wird das kleine Würschtl dem Publikum gezeigt, aber es schreit so fürchterlich, dass die Musik aufhört zu spielen, und der riesige Koni es wieder zu den Eltern auf die Spielleiste zurücklegt – doch schon ist die versprochene große Kirche gebaut: Ferdinand klappt einfach von der rechten Seite die Theatinerkirche herein, so einfach ist das, so schön kann nur Theater sein.

Alsbald lernt der kleine Bub fechten, für den nötigen Gefechtslärm sorgt die Viola da Gamba, die ihn, großen Liebhaber der Musik, überallhin begleitet, auch auf die Jagd, bei der er nichts vors Gewehr kriegt, aber jede Menge hocherfreuter Zuhörer, denn die Tiere kommen aus dem Wald und lauschen dem künftigen Kurfürsten bei seinem Gambenspiel. Dem Hasen wackeln die Ohren, es wiegt der Hirsch sein Geweih im Takt, dem Bären bleibt offen stehen das gewaltige, das gefräßige Maul – wie den Zuschauern vor der Bühne auch.

In einer Welt, in der nur noch Virtualität zu herrschen scheint, feiert mit einem Schlag, mit scheinbar einfachsten Mitteln, Gegenwärtigkeit wieder Triumph: Eine Musik, deren Musikern man beim Spielen zuschauen kann, ein Erzähler, der leibhaftigst durch das Geschehen führt, Puppen, die keine Puppen sind, sondern das Seelenpersonal ihrer Erfinder, ihrer Schöpfer, ihrer Handlanger Susanne und Stefan.

Jedoch, wird nicht auch Virtualität als Eigenschaft definiert, die nicht in der Form existiert, in der sie zu existieren scheint, aber in ihrem Wesen oder ihrer Wirkung einer in dieser Form existierenden Sache gleicht? Und führt nicht das Wort virtuell (fähig zu wirken, möglich) zurück auf virtus (Tugend, Tapferkeit, Tüchtigkeit)? So gesehen wäre die Virtualität eines Puppentheaters wie der Puppet Players im Zeitalter der Virtualität die Wiederentdeckung einer alten Tugend, nämlich der Präsenz, der Authentizität, der unmittelbaren sinnlichen Gegenwärtigkeit, Virtualität minus Virtualität sozusagen.

Simple Tricks erzeugen maximale Wirkung. Der Krieg zum Beispiel, das sind zwei sich rasend drehende Scheiben, auf denen kleine Spielzeug-Soldaten montiert sind: Unaufhörlich kommen sie unter die Räder. Oder wie ein Park vor einem Schloss entsteht: Einfach von der Spielleiste eine Stoffbahn herunterrollen lassen, und fertig ist die Allee.

Es ist zwar schad, resümiert Koni, dass wegen der verlorenen Kriege „Bayern kein Weltreich wurd". Denn dann wäre heute München die wichtigste Stadt der Welt und alle Menschen sprächen bayrisch", doch fasst der Kurfürst den weisen Schluss, dass wenn er Bayern „nicht mit Krieg berühmt machen kann, so soll es seinen Ruhm durch die Kunst bekommen". Kunst macht aber nicht nur viel Arbeit, wie Karl Valentin weiß, sondern kostet auch einen Haufen Geld. Zwar stellt Max Emanuel damit eine Art Weltrekord an Verschuldung auf und müsste noch heute seine Schulden zurückbezahlen, doch hat er viel Geld für die Kunst ausgegeben – und im Himmel langt Musik zum Seligwerden, heißt es zum Schluss des Stückes.

So wird mit ebenfalls so scheinbar leichter Hand die äußerst widerspruchsvolle Rolle des Max Emanuel entwickelt, am Ende sieht man den Herrn gar nackt sich in seiner riesigen Badewanne ergehen, einmal lappen seine Arschbacken über den Badewannenrand, zum quietschenden Vergnügen der Kinder, einmal schlenkert auch sein Pimmel durch die Gegend, während er mit dem Hofarchitekten Cuvilliés die neuesten Theaterpläne erörtert. Von der bezaubernden Musik angefangen über den wahrhaft umwerfenden Erzähler bis natürlich zu Susanne und Stefan, ihren Stimmen, ihren selbstgeschaffenen Puppen – jede dieser Aufführungen ist eine Sternstunde, ein barockes Spektakel nicht nur für Kinder. So schwebt nicht nur der Kurfürst nach seinem Ableben auf Wolke Sieben über dem Geschehen, während das ganze Puppenpersonal noch einmal über die Bühne hoppelt, sondern auch die Gambe tanzt zuletzt in den Schlussapplaus eines längst schon abgehobenen Publikums.

Oben links:
Konrad Wipp mit Susanne und Stefan, 2007
(Foto: Stefan Schweiger)

Oben rechts:
Das Ensemble beim Rheingau Musikfestival, 2009,
von links: Robert Schröter, Axel Wolf, Friederike Heumann, Konrad Wipp, Susanne Forster, Stefan Fichert

Mitte: Friederike Heumann

Unten links:
Friederike Heumann begrüßt die Kinder im Maximilianeum, Landtag (München 2010)

Unten rechts:
Das Barockensemble:
Robert Schröter, Cembalo; Friederike Heumann, Viola da Gamba; Axel Wolf, Barocklaute
(Füssen 2010)

Szenenbilder und Puppen aus „Der Blaue Kurfürst" (Fotos: Stefan Schweiger)

ANHANG

Beiträge von Wegbegleitern und Mitstreitern

Großer Dank gebührt all jenen, die auf unsere Bitte im Jahresbericht 2009 eingegangen sind und mit ihrem Beitrag dieses Buch bereichert haben. Die Kommentare, die nicht spezifischen Kapiteln zugeordnet werden konnten, seien hier im Anhang zitiert.

Olaf Bernstengel, Theaterwissenschaftler und Festival-Intendant, schreibt im April 2010:
Die Puppet Players aus der Sicht eines Sachsen.
Was las ich da? Susanne Forster und Stefan Fichert wollen sich mit einem Buch in die Ewigkeit schießen! Und alle sollen etwas dazu beitragen.
Ich will das nun gern tun, denn die Puppet Players gehörten zu den ersten „West-Puppentheatern", von denen ich hörte und die ich sogar in der DDR sehen konnte. Es war 1984. Sie gastierten mit George Speaight und seinen historischen Marionetten zur Musik von Mozarts Faschingspantomime KV 446 zu den Musikfestspielen in Dresden. Damals hatte ich gerade meine wissenschaftliche Laufbahn in der Puppentheatersammlung begonnen und eine der allerersten Veröffentlichungen war die Gestaltung des Programmheftes zu diesen beiden Vorstellungen. Es war für mich eine Ehre, für das damals äußerst renommierte Festival zu schreiben. Noch aufregender war die Vorstellung selbst. Sah ich doch erstmals englische Trick-Marionetten des 19. Jahrhunderts, wo ich mich gerade in dieser Zeit mit dem Spiel der sächsischen Varieté-Marionetten beschäftigte. Ein Jahr später kam unser „Varieté am Faden" heraus, das Susanne 1990 im Münchner Puppentheatermuseum sehen konnte. Der Kontakt war wieder hergestellt. Und die neuen gesellschaftlichen Bedingungen machten von nun an regelmäßige Begegnungen möglich. Die Puppet Players, die auch schon in DDR-Zeiten herzliche Kontakte zu ostdeutschen Puppenspielern hielten, waren nun erst recht eine der ersten Bühnen, die neugierig und nicht „oberlehrerhaft" in den Osten kamen. Und das behielten sie bei, obwohl sie mit ihrer Inszenierung „Die Geschichte vom Soldaten" zur Synergura in Erfurt 1990 von der Jury und im Bulletin „oberlehrerhaft geprügelt" wurden... Susanne und Stefan waren es, die sich auch mit kleinen Gagen zufrieden gaben. Hauptsache, sie konnten ihre Inszenierungen zeigen und Publikum und Kollegen kennenlernen. In diesem Zusammenhang erinnere ich mich gern an ihre Gastspiele in der Dresdner Zschonermühle, vor allem mit Aitmatows „Der Weiße Dampfer".

1995 übernahm ich die Intendanz der Internationalen Puppentheatertage in Mistelbach, Niederösterreich. Natürlich gehörten zu meinen ersten Gästen die Puppet Players. 1997 gastierten sie mit „Victoria" und „Lysistrata" mit großem Erfolg. Die visuell sehr einprägsamen Klangfiguren von Stefan wirken noch bis heute nach und sind immer wieder ein Erinnerungspunkt der Mistelbacher Stammgäste! 2002 zeigten sie die anrührende Geschichte „Die Geburt" und 2006, im Mozart-Programm des Festivals, „Mozart auf Reisen" gemeinsam mit Heinrich Klug, der sich sehr um die Vermittlung klassischer Musik an unsere Jüngsten verdient gemacht hat.
Nicht alle Inszenierungen der Puppet Players waren in Mistelbach zu sehen. Wichtige der letzten Jahre fehlen. Ich kann nur eingestehen, dass die Puppet Players zu jenen Bühnen gehören, die ich, trotz ihrer Güte, nicht regelmäßig berücksichtigen konnte. Die Konkurrenz im eigenen Lande und international ist groß. Als künstlerischer Leiter kommt man immer wieder mit sich in Konflikt bei der Auswahl des Programms. Glaubt's mir bitte, liebe Susanne und lieber Stefan! Deshalb sei auf diesem Wege euch gesagt, ihr gehört zu jenen Kollegen, deren Arbeit ich schätze und die ich mag. Nun bleibt mir nur zu hoffen, dass noch viele Inszenierungen entstehen und dieses Buch keinen Abgesang darstellt, sondern am Ende steht „Fortsetzung folgt!". Toi – toi – toi!

Wolfgang Buttmann, Kulturreferent in Pullach, schreibt im April 2010:
Seit 35 Jahren bin ich als Kulturveranstalter an verschiedenen Häusern tätig und in dieser Zeit haben mich die Puppet Players als gastierende Künstler stets begleitet. Ich kann heute sagen, dass sie das Ensemble sind, das ich am häufigsten engagiert habe.
Kaum eine ihrer zahlreichen Inszenierungen war an den Häusern, die ich geleitet habe, nicht zu sehen, und stets waren mein Publikum und ich von der hohen künstlerischen Qualität der Stücke begeistert. Ich meine damit vor allem die sorgfältige Auswahl der Stoffe, die souveräne literarische Aufbereitung, die beeindruckende Gestaltung der Figuren, der Bühnenbilder und des Lichtdesigns und die Originalität der szenischen Umsetzung.
Wenn ich gefragt würde, welche Inszenierung der Puppet Players mich am meisten beeindruckt hat, fiele mir die Entscheidung schwer; aber vielleicht war es doch „Der Weiße Dampfer", den ich in Anwesenheit von Tschingis Aitmatow im meinem Pullacher Bürgerhaus erleben durfte und der für mich die beglückendste Umsetzung einer literarischen Vorlage im Figurentheater war, die ich gesehen habe.

Hans-Georg Krause, Leiter des Gautinger Theaterforums, schreibt im März 2010:

Meine erste Begegnung mit den Puppet Players war – wie bei vielen anderen Gautingern auch – „Unter ∗ Ober ∗ König ∗ Sau" 1979. Damals war ich ein ganz gewöhnlicher Besucher und noch nichts deutete darauf hin, dass ich ein paar Jahre später dazu beitragen durfte, dass viele Produktionen der Puppet Players auf unseren verschiedenen Gautinger „Bühnen" gezeigt werden konnten. Zunächst beeindruckte mich die Individualität all der verschiedenen Figuren und dann zunehmend die große Bandbreite der Möglichkeiten. Angefangen bei den kleinen Handpuppen im Spiel von der „Reismühlsage" bis zu den riesigen überlebensgroßen Straßentheaterfiguren bei der Münchener Biennale, von den faszinierenden Metallwesen der „Lysistrata" bis zu den lebensgroßen Geistern in Shakespeares „Sturm", der Inszenierung von Dieter Dorn an den Kammerspielen.

Dass wir als Veranstalter beim „Gautinger Kinderfrühling" oder den „Theatertagen" im TheaterSpielRaum, der Aula des Gymnasiums, der Turnhalle der Hauptschule und zuletzt im neuen Kulturhaus bosco mit der Infrastruktur zu den zahlreichen Heimspielen beitragen konnten, haben wir gerne gemacht, konnten wir doch dadurch näher als manch anderer am Geschehen sein und unmittelbare Kontakte miterleben, wie z.B. die Begegnung mit dem großen kirgisischen Schriftsteller Tschingis Aitmatow, der in unserem kleinen TheaterSpielRaum eine persönliche Vorstellung seines „Weißen Dampfers" bekam. Das Figurentheater von Susanne und Stefan hat die kulturelle Szene im Ort enorm belebt. Dass sie unter anderem den Publikumspreis des Theaterforums erhalten haben, versteht sich daher fast von selbst.

Dieter Brunner, Veranstalter des Festivals in Wiesbaden, schreibt im April 2010:

Hallo Susanne,
ich versuchte mich zu erinnern, was ich von Euch alles gesehen habe. Das erste was ich von Euch sah, war „Inook and the Sun", dann „Der Weiße Dampfer", bei den Festivals in Wiesbaden wart ihr dabei mit:
1998 „Der Drachenfisch" (1. Preis der Kinderjury)
1999 „Der Finsternishandel" & „Die Nase"
2003 „Die Geburt"
2004 „Michael Kohlhaas"
2006 „Mozart auf Reisen"
Als Festivalveranstalter kann ich Euch sagen, dass Eure Aufführungen eine verlässliche Größe sind, mit der es immer gelingt, das Niveau so einer Veran-

staltungsanhäufung nach vorne zu bringen. Mich persönlich hat „Der Weiße Dampfer" am tiefsten berührt, wenn ich an Euch denke habe ich immer diese starken Bilder im Kopf.

Petra Jakobi, Kulturreferentin der Stadt Cham, schreibt im Januar 2010:
Hallo ihr zwei,
ganz herzlichen Dank für Euren schon erwarteten Jahresbericht, den ich – wie immer – mal mit einem Seufzen, mal mit einem Schmunzeln verschlungen habe. Und gerne beteilige ich mich mit ein paar Zeilen am neuen Buch-Projekt: Mit Euch zu arbeiten, das bedeutet Figurentheater mit Herz und Verstand, eine tiefe Zufriedenheit, stete Vorfreude auf ein Wiedersehen mit Freunden. Das sind Stunden, die berühren, die gut tun, von denen etwas bleibt.
Schön, dass es Euch gibt.

Ingrid Trixl, Lehrerin der Grundschule Geltendorf, schreibt im Februar 2010:
... Auf das Buch über Sie und den Werdegang Ihrer Bühne freue ich mich schon. Alle Stücke, die ich bisher angeschaut habe, waren wunderbar gespielt und nur mit großer Freude zu erleben. Das erste Stück, das ich im Kindergarten in Geltendorf sah, war „Die Arche Noah". Damals beschloss ich, dass wir Sie auch an unsere Grundschule holen müssen – und nun haben inzwischen einige Schülergenerationen außer dem „Noah" auch den „Dr. Dolittle", den „Weißen Dampfer", „Die Geburt", „Mozart auf Reisen", den „Blauen Kurfürst" und wir Erwachsene den „Michael Kohlhaas" gesehen. Jedes Stück für sich ein einziger Genuss.

Ana Strack, Ensemblemitglied, schreibt im Mai 2010:
„Neues Stück – neuer Job..."
Während man sich für „normale" Jobs mit Bescheinigungen und Lizenzen bewirbt, wird man bei den Puppet Players – stets im richtigen Moment, also kurz vor der persönlichen Pleite – zufällig von Susanne angeheuert, weil sie zufällig davon gehört hat, dass man just über die Kompetenz verfügt, die gerade händeringend gebraucht wird. In meinem Fall war das: nicht schwanger sein...
Ich sollte 1986 in der „Arche Noah" einspringen. Meine Bedenken, ob meine geringe Erfahrung für einen professionellen Job ausreichen würden, zerstreute Susanne im Handumdrehen: Ich wurde dem grandiosen Peter Rieckmann vorgestellt, und der befand nach halbstündiger Inspektion von Gangart, Atemrhythmus und Rezitation (scheinbar) sinnloser Gedichte: „Dees kriag'n ma scho, Gnädigste!" Sechs Monate hatte ich Zeit, zum Kern von Peters Schauspielkunst vorzudringen: der Stille zwischen den Worten, der magischen „Zäsur", the middle of nowhere...

Von dort aus ging es dahin mit der Kompetenzerweiterung: Flöte spielen in der „Arche", Gitarre in „Babel", Frösche zähmen für „Moses"; ich hatte auch keine Ahnung, was ein „dimmer-board" war, aber Stefan gelang es, aus einem Technikmuffel die begeisterte Lichtfrau der neuen Farb-Schattenspiele zu machen... Lange vor Obama versicherten einem die Puppet Players immer wieder ganz gelassen: „Yes, you can!" Selbst die Sache mit dem Schwangersein war kein Problem mehr: Als es mal wieder bei mir soweit war, organisierte Susanne für den Fall der Fälle backstage eine Hebamme, und als das Kind dann (drei Tage nach der Vorstellung) da war, sorgte sie für „Garderobe-Ammen", während ich „Josas Zauberfiedel" oder den „Soldaten" in rechtem Licht erscheinen ließ. (...) Wenn es darum ging, den Widrigkeiten des Tourneelebens zu trotzen, ließen sich Stefan und Susanne nie lumpen: dauerte der Abbau länger, als Restaurants öffneten, zauberte Susanne irgendwoher „after-midnight-dinners" für Fleischkatzen und andere Vegetarier, ging eine Figur zu Bruch, war Stefan statt mit Vorwürfen mit Sekundenkleber zur Stelle und während Veranstalter sich „für die Verzögerung beim Überweisungsvorgang" schon mal entschuldigten, blieben die Puppet Players uns nie was schuldig: Dinnertime nach der Show war i m m e r auch die Zeit, wo gut gefüllte Kuverts den Besitzer wechselten...!

Konrad Wipp, Ensemblemitglied, schreibt im April 2010:
*Mindmapping the very best times of mine in the „Puppet Players"- Company:
Nun, in meinem gerademal 21. Kooperationsjahr mit den „Puppet Players":
Das Buch.
Ursprünglich höchst selten zwar, aber doch immer mal wieder, kam das Gespräch darauf. Mit daran schreiben soll und darf ich, „damit ich da auch mit dabei bin. Wär' doch schade..."
Zu welchem Ende?
Außerdem: Was hab' ich über Kraft und Bühnenpräsenz hinaus an Verschriftbarem zu bieten? Theaterwissenschaftliche Akribie im Verbund mit seelischen Wallungen „kommt" doch kaum je so, dass sie nachgelesen wird. Das also weg. Bleiben von diesem kleinen Universum... Erinnerungsschnipsel; deren jeder wiederum sein eigenes, köstliches Universum birgt. Als die Puppet Players nach Deutschland gekommen waren, hatte sich (nicht nur bei Eingeweihten) schnell herumgesprochen, dass da eine „künstlerisch exzeptionelle" Gruppe tourte. Meinen ersten Kontakt mit ihnen (Stefan, Susanne, Peter Rieckmann) genoss ich zuschauenderweise aber erst, als die Direktion des Münchner Marionettentheaters beschloss, einen Betriebsausflug in „Unter ✳ Ober ✳ König ✳ Sau" zu genehmigen. Als fünf Jahre später „The Trojan Donkey" und „Shakespeare & Co" der*

Konrad Wipp und Susanne in „Die Reismühlsage", 1985

Company mit George Speaight im Marionettentheater gastierte, war damit affirmiert, wohin ich mich weiter entwickeln wollte. Aber selbst, als ich den freundlichen Ton dieser Kollegen auch (und sogar mir gegenüber!) im Stillen genoss, kam kein einziges Fragewort über meine Lippen, das auf diesen neuen Weg hätte führen können. Ich glaubte mich dessen einfach nicht würdig (die Lektion hatten andere mich lange und bestens gelehrt). So gingen weitere drei Jahre ins Land, in denen ich mich auf mein freiberufliches Dasein ausrichtete und mein Studium begonnen hatte.

Da besuchte Susanne eine Aufführung von Orffs „Astutuli", in welcher ich der Puppe des Bürgermeisters Jörg Zagelstecher Sprache und Leben verlieh. Es trafen sich so zwei glückliche Momente: Meine damalige Vorgängerin bei den „Puppet Players", Gisela Drescher, wollte die Company verlassen, (denn sie wollte sich ganz ihrer eigenen künstlerischen Arbeit widmen), und meine Bühnenarbeit hatte Susanne gefallen. So bot sie mir schließlich die Übernahme der Titelfigur in der frisch erarbeiteten „Geschichte vom Soldaten" an.

Meine Glückssträhne begann.

Stücke (chronologisch):
Die Geschichte vom Soldaten – Der Josa mit der Zauberfidel – Die Reismühlsage – Die Chinesische Nachtigall – Unter ∗ Ober ∗ König ∗ Sau (Wiederaufnahme) – Die Bremer Stadtmusikanten (Putzregie) – Victoria/Lysistrata – Dr. Dolittle – Die Geburt (Wiederaufnahme) – Der Blaue Kurfürst in Roten Zahlen

Persönlichkeiten (alphabetisch):
Martin Bachmann – Willi Beck – Hildegard Braun – Bodo Bühling – Anna Fichert – Jakob Fichert – Stefan Fichert – Susanne Forster – Anne Frank – Werner Grobholz – Herbert Krohmann – Steffi Hattenkofer – Friederike Heumann – Heinrich Klug – Ralf Kober – Nepomuk Lippl – Martin Prochaska – Maria Reiter – Peter Rieckmann – Hartmut Riederer – Edith Salmen – Robert Schröter – Shirin Soraya – George Speaight – Ana Stefanidis-Strack – Max Strack – Achim Weigl – Axel Wolf

Auto(bahn)kilometer (aleatorisch):
„Mental-Proben" – Österreich – Zwei der Tourfahrzeuge (Mercedes-Sprinter: STA-AP und STA-UN) hab' ich mitbelebt – Italien – Nach Hanau-Gastspiel im 40 km-Glatteis-Stau auf der A3 bei Würzburg, mit fast leerem Tank, eine Nacht lang ohne Wärmequelle gefangen – Ungarn – Wie im Gleitflug über Spaniens und Portugals verkehrsarme Maut-Pisten; überwältigende Landschaften, rechtzeitig zum Sonnenuntergang an der Atlantikküste – Arpeggione mit Argerich/Maisky – Frankreich – Lotsendienste mit dem Straßenatlas – Schweiz - Persönlichste Gesprächsthemen – Schleswig-Holstein – Mein Zusatzlohn am Steuer sind Stefans wohlverdientes Entspannungsbierchen, Susannes

ersehntes Entspannungsliedchen und dann (spätestens so zwischen Nürnberg und Ingolstadt Richtung Heimat): Alles schläft (bei ca. 120 km/h), Fahrer wacht – Sachsen unmittelbar nach der Wende und später – Wildromantische, gern auch nieselfeuchte Picknicks, von Susanne wohlvorbereitet und von Stefan wohlerkundet; einzigartig schön bei Minusgraden und zartem Flockentaumel im Birkenwäldchen (heimlich zähneklappernd) zu Geburtstagsgugelhupf und Kerze

Münchener Figurentheater-Schule (illusorisch):

Meine Promotionsanstrengungen zur Theaterwissenschaft waren schon vom Tisch, da wurden sie von den Kollegen als „zur Schulungs-Ergänzung" hinlänglich gewertet. An Bord jenes „Falt-Papier-Bootes" der Akademie „August Everding" ging ich somit als „Historisch-Theoretischer" baden.

Tournee-Erkenntnisse (klassisch):

Kein Veranstaltungsraum ist (uns) letztendlich unerreichbar, egal wie sperrig oder schwergewichtig unser Gepäck, eng und steil das Treppenhaus und herzlich verplant, aber idealistisch ein Veranstalter sein mag – Hausmeister waren ursprünglich eine grantige Spezies; Ausnahmen werden allerdings immer häufiger – Pack- und Ladezeiten gibt es manchmal aus Kundensicht nur als lästiges Nebengeräusch; gut wenn man das sportlich-hurtig meistert (Puppenspiel strengt doch nie jemanden an!) Erbittest Du in Deiner Bühnenrolle finanzielle Hilfe, kann es passieren, dass Dir ein kleines Kirschaugen-Mädchen seinen letzten Schokoladentaler überantworten will – Bei zu niedrigen Bühnen (im Verhältnis zur durchschnittlichen Sichthöhe des Publikums) ist der freie Blick aufs Geschehen behindert, bei zu hohen rauscht das Gebotene über die Köpfe der Zuschauer berührungsfrei hinweg. Sitzen die Zuschauer zu weit weg, entsteht unterkühlte Atmosphäre, sitzen sie zu nah, besteht möglicherweise Gefahr für Mensch und Gerät; geht der Boden barrierefrei in die Bühnenfläche über, braucht man sich heutzutage über keine Neigung des Auditoriums zu Übergriffigkeiten wundern

Jägerstraße 1-3 (heimisch):

Nanuk (Hund) – Komm doch noch mit rein – Molly (Hündin) – Du könntest sogar übernachten – Fachliteratur – Hallo Koni: Ein Tässchen Tee? – Ich hab' dich mitgerechnet für's Essen heut' – Da wollen wir feiern – Warmer Ofen – Behaglichkeit – duftendes Tabakspfeifchen – Eugen – Bilder – Hyazinthen im Doppelfenster – selbstgebrauter Hollersirup – Kurzgebratenes „Schieres" – ...or send us a fax on the same number – Apfelbäumchen – Tischtennis – Lesungen – Musik – Gespräche – Neue Projekte ...

Nicht nur Puppen, auch Welpen waren eine Attraktion im Haus der Puppet Players

Hildegard Braun, Ensemblemitglied, schreibt im März 2010:
ABC des Tourneetheaters

A – Abfahrt: Fast immer von der Jägerstraße 1 in Gauting mit dem grünen Van, oft beladen bis unters Dach.

B – die Biennale wurde in den 90-er Jahren mit einer Plattform für zeitgenössisches Figurentheater mit Auftragskompositionen erweitert. Hans Werner Henze stellte sich die Mitspieler idealerweise als eine Mischung von Musiker und Puppenspieler als Doppelqualifikation vor. Eine wunderbare Vorstellung, freilich selten erfüllt.

C – China war eine Reise wert. Abhandengekommene Instrumente und hohe Sprachbarrieren sorgten für sehr eigene Situationen, die erst im Nachhinein zum Lachen waren.

D – der Dachgepäckständer auf dem Van ist zum Transport der Schattenbühne unbedingt erforderlich. Mit speziellen Knoten werden bis zu 5 m lange Alustangen von Stefan akrobatisch verknüpft.

E – Erfurt veranstaltet ein wunderbares Festival, welches uns beim ersten Besuch die interessante Ost-Tradition als eine Kombination von Mensch und Figur auf der Bühne zeigte.

F – Festivals sind aufregend und eine wichtige Auftrittsbörse. Wir besuchten sie in vielen Ländern der Welt.

G – Gruppendynamik: Auf den Reisen kommt man sich näher. Während der oft sehr langen Autofahrten hörten wir Musik und/oder erzählten uns von den Erlebnissen/Ereignissen der Zwischenzeiten.

H – Henze, Hans Werner, einer der Grandseigneurs der zeitgenössischen Komponisten und Urheber der Münchener Biennale kam in die Generalprobe der ersten „Lysistrata" und war „erstaunt". Das führte zu kurzfristigen Änderungen und verlangte uns viel Flexibilität ab.

I – Ideen für neue Stücke stammen sehr häufig aus der Weltliteratur. Libretto und Szenenbilder sowie die Figuren entstehen auf faszinierende Weise in der Zusammenarbeit von Susanne und Stefan.

J – jährlich gibt es seit über 25 Jahren mindestens eine Neuproduktion. Mit viel Kreativität und enormem Fleiß entstand so eine Spur aus der unverkennbaren Arbeit von Susanne und Stefan.

K – „Kam Be" lautet der unbarmherzige Trinkspruch in China. Unbarmherzig, da er von jedem chinesischen Teilnehmer an offiziellen Banketts – es waren sehr viele Teilnehmer und sehr viele Banketts – ausgesprochen wurde und aus Höflichkeit erwidert werden musste. Ehe man sich's versah, war man trunken von Reisschnaps…

L – Lampenfieber gibt es natürlich, je nach Situation auch gehörig. Irgendwann *kurz vor der Vorstellung ertönt dann das Signal „Kreis". Alle Musiker und Spieler konzentrieren sich während einiger Minuten im Kreis stehend und gemeinsam atmend auf die Vorstellung.*

M – Musik: Immer live und von wunderbaren Musikern gespielt, seien es Kandidaten von „Jugend musiziert", freie Künstler oder Mitglieder der Münchner Philharmoniker.

N – Nanuk hieß der erste weiße Labrador, der bei Proben häufig und bei Reisen gelegentlich dabei war.

O – Organisation als wichtige Grundlage für die Koordination von Künstlern, Auftrittsbedingungen und Terminen liegt in Susannes Hand. Alle damit verbundenen Arbeiten erledigt sie während fester Bürozeiten in der kleinen Veranda mit Blick in die Apfelbäume.

P – Picknick: Mit sicherster Intuition findet Stefan abseits der Autobahnen und stark befahrenen Straßen wunderbare Rastplätze. Auf Decken und Planen wird dann, fast immer unabhängig von Temperatur und Witterung ein wahres Schlemmerpicknick zelebriert, welches seine Vollendung im Puppet-Players-Sportprogramm mit eigenem Ball oder in gepflegter Mittagsruhe findet.

Q – Quereinsteiger waren und sind bei den Puppet Players immer willkommen und sorgen für die richtige Mischung aus technischen, künstlerischen und menschlichen Begabungen.

R – Rhythmen in zeitgenössischen Auftragswerken sind nicht immer ganz leicht zu lernen. Entweder wurden wir von den Komponisten selbst oder in entsprechenden Workshops unterwiesen, um Füße und Hände in verschiedenster Weise klatschend und stampfend zu betätigen.

Picknick auf Tournee

S – Sprechunterricht erhielten einige von uns von dem unvergessenen Peter Rieckmann. Er lehrte uns auch in kurzer Zeit den Klang von Worten/Wörtern zu schätzen, ihnen zu lauschen, und sie zu gestalten.

T – Treue: Die meisten der assoziierten Mitglieder der Truppe blieben und bleiben viele Jahre bis Jahrzehnte dabei.

U – Umbauten innerhalb der Stücke oder bei Doppelprogrammen erfordern eine Art Regie für einen eingespielten, reibungslosen Ablauf. Dabei entsteht eine eigene Spannung und Zufriedenheit, wenn alles gut klappt.

V – Van: Grün und von unerschöpflichem Fassungsvermögen. Neben Bühnenteilen, nicht selten auch für zwei verschiedene Stücke, werden Schlagzeug, Kontrabass und bis zu fünf Spieler transportiert. Wenn alle Utensilien auf der Bühne zu sehen sind, kann man kaum glauben, dass alles in ein einziges Auto passen soll.

W – Wiederholungen: En-suite-Spielen festigt und automatisiert alle Hand-in-

Handgriffe der Spieler untereinander. Gleichzeitig ist jede Vorstellung anders und ermöglicht immer wieder neu den Blick für Details.
X – Xantippe und Sokrates wären doch mal eine Alternative zu Punch-and-Judy.
Y – Ying und Yang aus China kommend, könnten doch auch zwei Figuren ergeben, oder?
Z – Zimmerparties waren ein wichtiges Element in der spielfreien Zeit auf Reisen: Fern der Heimat trafen wir uns nach den Vorstellungen auf einem der Hotelzimmer. Bei Bier und anderem konnte dann die Entspannung einsetzen und Erlebnisse des Tages kommentiert werden.

Bodo Bühling, *Regisseur und Ensemblemitglied, schreibt im Februar 2010:*
Wenn ich an die Stationen unserer gemeinsamen Arbeiten zurückdenke, tauchen sofort ganz bestimmte Bilder auf:
der Probenraum in Gauting, an sich schon von der allerersten Probe an ein Kunstwerk, dank Stefans immer schon weitgehend fertig gestellter Bühne mit hochkünstlerischem Bühnenbild und bis ins Letzte ausgefeilter Technik –
intensive Proben, unterbrochen von guten Mahlzeiten und immer in die Tiefe gehenden dramaturgischen Gesprächen mit sehr viel Humor –
verschieden umfangreiche Ensembles, die sich um Euch scharten und denen Ihr immer den Raum bereitet habt, sodass jedes Mitglied seine besten und schöpferischen Kräfte auf- und einbringen konnte –
lange Fahrten im Tourbus, immer randvoll gefüllt mit Figuren, Bühnenbildern und Spielern. Gespräche, Gelächter, ernsthafter und humorvoller Austausch zu allen Lebensfragen. Erfüllt von Vorfreude auf die nächste Aufführung oder schon mit Planungen für das nächste Projekt beschäftigt –
Dramaturgiegespräche mit Susanne, die bereits das nächste Stück konzipierte, bevor sie sich irgendwann für 2-3 Wochen in die Einsamkeit einigelte um letzte Hand anzulegen und stilsicher das Konzipierte zu vollenden –
und dann die gute und beruhigende Routine: ankommen, Begrüßung der Veranstalter, die fast immer auch schon gute Freunde waren, Aufbau, Proben, die Einsamkeit der Spieler, bevor sich der Saal füllte, die Aufführung, fast immer mit Maria und Heinrich, weil ohne Musik geht ja gar nichts… –
und nach den Aufführungen und dem Abbau Gespräche, Austausch und wieder viel Humor mit den Veranstaltern und Gästen und manchmal auch nur innerhalb des Ensembles, wenn wir denn noch wach genug waren… –

Georg Christoph Lichtenberg in Bronze mit Stefanie Hattenkofer und Bodo Bühling

Und – wichtigste Erfahrung für den Schauspieler und Regisseur: Die Spieler des Figurentheaters sind sooo anders als „normale" Schauspieler! Das Erleben dieser Andersartigkeit gehörte für mich zum Bereicherndsten unserer Zusammenarbeit und war umso erstaunlicher, als daran deutlich wurde, wie das künstlerische Milieu im weitesten Sinn den Darsteller bis in die persönlichen Bereiche prägt!

Aus allem bisher Gesagten wird hoffentlich deutlich, wie dankbar ich Euch für alle diese Erfahrungen bin und wie bereichernd und anregend die Zeit mit Euch war und – hoffentlich – noch in weite Zukunft sein wird. Denn dieses Buch soll ja kein Abschluss einer Entwicklung sein, wie ich Euch kenne, sondern die Plattform für einen neuen „Sprung" auf eine unbekannte schöpferische Ebene.

Stefanie Hattenkofer, Ensemblemitglied, schreibt im März 2010:
15 Jahre mit den Puppet Players. Weihnachten 1994, ich war auf der Suche nach einem Praktikumsplatz, da ich mir in den Kopf gesetzt hatte, Puppenspielerin zu werden. Am 28. Dezember rief Susanne bei mir an, ob ich fünf Tage später bei ihnen anfangen könnte. Super, natürlich, klar! Also kam ich am 2. Januar zum ersten Mal in meinem Leben am Gautinger S-Bahnhof an. Susanne stand schon winkend am Bahnsteig und führte mich in eine neue Welt. Ich ging die Stufen zu den Kellerräumen hinunter, tauchte unter einer weißen Schattenspiel-Leinwand durch und befand mich in einer Welt aus durchsichtigen Figuren, Marionetten, Kisten, Farben und Bildern und kam schließlich in die eigentliche Werkstatt, wo schon eine Gruppe Menschen auf unterschiedlichsten Stühlen saß und mich sofort willkommen hieß und mir Tee und getrocknete Feigen anbot. Ich war bei den Puppet Players angekommen. Meine Meinung stand fest: Puppenspieler sind ganz besondere Menschen. Fortan kam ich die nächsten Wochen fast täglich nach Gauting, und als „Die Chinesische Nachtigall" Premiere hatte und meine Zeit bei den Puppet Players eigentlich abgelaufen war, fragten mich Susanne und Stefan, ob ich nicht auch bei der Münchner Biennale für modernes Musiktheater mitwirken wolle. Und ich könnte auch schon beim Figurenbau mithelfen. Das war für mich wie ein Geschenk. Nebenher bereitete ich mich auf meine eigene Aufnahmeprüfung im Stuttgarter Figurentheater-Studiengang vor. Am Tag vor meiner Abfahrt nach Stuttgart durfte ich ihnen meine kläglichen Versuche zeigen – kurzes Schweigen – dann stand Stefan auf, ging mit meinen Figuren und der Bühne in die Werkstatt und behob mit einigen geschickten Handgriffen alle Probleme, die ich in wochenlangem Tüfteln nicht hatte lösen können. Susanne nahm mich in der Zwischenzeit zur Seite und feilte an meinem Auftritt und an meiner Erscheinung. So konnten sie mich dann nach Stuttgart schicken. Und ich wurde aufgenommen. (Aber selbst

daran waren Susanne und Stefan nicht unbeteiligt. Jahre später erfuhr ich erst, dass während sich die Dozenten bei meiner Aufnahmeprüfung zur Beratung zurückgezogen hatten, sie bei Susanne und Stefan anriefen und Susanne wohl sagte: „Wenn Ihr sie nicht wollt, nehmen wir sie gerne wieder zurück".) Vier Jahre später kam ich auch wieder. Und gleich zu einer Tournee nach China. Da verließ ich Stuttgart, ohne zweimal zu überlegen, und kam wieder zurück nach München. Die nächsten Jahre durfte ich in den verschiedensten Produktionen mitwirken: Josa mit der Zauberfiedel, Die Bremer Stadtmusikanten, Die Nase und Der Finsternishandel, Michael Kohlhaas und bei einer Produktion sogar Regie führen, nämlich bei „Die Unterirdischen Abenteuer des Kleinen Drachen". Eine ganz neue Welt tat sich für mich auf, als ich bei den Opernproduktionen mitspielen durfte. Als nicht besonders opernfeste Puppenspielerin war ich auf einmal mit den Stars der Szene zusammen und doubelte sie bei Pountneys Faust-Inszenierung sogar mit Puppen, was nicht alle immer angenehm fanden. Wir spielten teilweise auf Türmen vier Meter über dem Boden und wurden von sogenannten Turmschiebern, die auf Signale aus ihren Kopfhörern reagierten, von A nach B geschoben: ein Manipulieren von Puppenspielern die ihrerseits wieder Figuren manipulierten. Es war eine sehr interessante Erfahrung, auf einmal einem ganzen Apparat von Opernmitarbeitern so ausgeliefert zu sein. Wir wurden sogar von Kopf bis Fuß vermessen (einschließlich Brustwarzenabstand!), um dann doch wie bei Turandot in Salzburg in bequeme weite Kittelchen und Hosen mit Gummizugbund gesteckt zu werden. In den letzten Jahren musste ich gelegentlich auch meinen kleinen Sohn mit auf Tourneen mit den Puppet Players nehmen. Trotzdem es organisatorisch natürlich ein riesiges Stück Arbeit ist, mit Autoplatz, Schlafmöglichkeit im Hotel, Kinderbetreuung während der Auftritte bzw. während des Auf- und Abbaus, hörte ich nie Vorwürfe oder Gestöhne, nein, er wurde wie selbstverständlich in die Puppet Player-Familie aufgenommen. Ich kenne kein anderes Ensemble, bei dem eine solche Verbindung von künstlerischer Professionalität mit unkomplizierter Herzlichkeit, familiärer Wärme und kreativem Geist vorstellbar wäre. Vielen Dank für das alles und für die Zeit mit euch! Ich hoffe, Ihr macht noch viele weitere schöne Projekte, und würde mich freuen, noch oft dabei sein zu dürfen.

Ingolf Turban, 1986/87 Geiger in unserer Inszenierung „Die Geschichte vom Soldaten", dichtet im März 2010:

Der liebe Gott,
so denke ich mir oft,
hat womöglich seine eigene Freude daran, mit uns Menschlein
Puppen zu spielen,

zu sehen wie wir da so an seinen für uns unsichtbaren Fädchen
hängen
aber meinen,
WIR wären doch ach so aktiv!
Wir verstehen's vielleicht wirklich besser,
wenn wir uns selbst in den Puppets wiederfinden,
wo diese Spiegelwelt
unsere Welt
zärtlich berührt und tiefer verstehen hilft ...
großer Dank an die Players,
die mit uns Puppets spielen
und uns Auge und Sinn öffnen
für alles,
was zwischen den Zeilen steht!

Hartmut Klug, Professor an der Wuppertaler Musikhochschule, schreibt im Januar 2010:
Da habt Ihr mit Heinrich (Cello) und Maria (Akkordeon) Eure „Haustiere" vorgeführt Bären und Elefanten und immer wieder kam ein Vogel geflogen ... Euer lebhaftes Spiel hat uns alle in den Bann gezogen, ich wurde wieder ganz Kind. Faszinierend, wie man auf einen Blick die Spieler ganzkörperlich schwungvoll agieren sah und drunter die Puppen, wie sie zu Charme sprühenden Wesen wurden, eigenlebend ganz im Kleist'schen Sinne. Wie die Zuschauer, Ihr, die Musiker und die Puppen, völlig im Zauber aufgingen und alles ringsum vergaßen! Und was für einen Aufwand Ihr für so eine kleine Aufführung auf Euch genommen habt! Ich sehe Euch noch – hinterher – die ganzen Klamotten wieder ins Auto tragen (Stefan barfuß!). Aber so viel Freude, die Ihr bereitet habt! Es hat sich gelohnt! Danke!

Johanna Olde, eine treue Besucherin unserer Aufführungen, schreibt im April 2010:
Die Aufführung der Geschichte von Aitmatow, Der Weiße Dampfer, hat mich tief beeindruckt. Sie war so poetisch, berührend und spannend. Würde diese Vorstellung so gerne wieder einmal sehen. – Alle Eure Aufführungen waren immer wunderschön – abwechslungsreich: Da ist einmal die tolle Regie und dann die phantasievollen und ausdrucksstarken Puppen. Großartig waren auch die großen Puppen und Tiere (das lebensgroße Nashorn!) für das Stadttheater Brandenburg, die wir in Eurer Werkstatt besichtigen durften. Freue mich schon auf eine neue Puppet Players-Inszenierung!

Unsere Freundin und Finanzberaterin **Lisa Zabolitzky** schreibt im Januar 2010:

Seit Oktober 1974 arbeite ich bei der VR Bank und kenne seither die Familie Forster. Zuerst lernte ich Eugen Forster kennen, Susannes Vater, der charmante, liebenswürdige Herr, der immer mit seinem Hund unter meinem Fenster die Straße passierte. Ende der siebziger Jahre hörte ich durch gute Freunde von den Puppet Players. Das muss etwas Besonderes sein, dachte ich, Puppenspieler, die Geschichten erzählen. Ich besuchte dann häufig Eure Aufführungen, meist im Gautinger Bosco oder in Grünwald oder Pullach. Ich war beeindruckt von Eurem Können. Mit Freuden haben wir den „Blauen Kurfürst" gesehen und „Mozart auf Reisen", bei welchem Stück mein dreijähriger Neffe am Ende protestierte und nicht wollte, dass die Vorstellung schon aus war.

Ihr habt uns über die Jahre viel Freude bereitet, sei es mit dem Puppenspiel, durch die grandiosen Konzerte von Eurem Sohn Jakob oder den tollen Aufführungen mit Tochter Anna. Wie gut, dass es solche Künstler wie Euch gibt, die unserer heutigen oberflächlichen Spaßgesellschaft (oder wie Günther Wand zu sagen pflegt „Verblödungsgesellschaft") mit Euren anspruchsvollen Aufführungen paroli bieten. Ich bin überzeugt davon, dass die Samenkörner, die Ihr den Kindern in ihr Herz legt, später in irgendeiner Weise zum Sprießen kommen. Die Erde, bzw. die Menschen bräuchten mehr von den Puppet Players und weniger von RTL und Co.

Ursula Dittmann, Zahnärztin und unsere Freundin, schreibt im April 2010:

Vor mehr als 30 Jahren, als wir jung waren und Wohngemeinschaftler, erzählte Konradin von zwei Puppenspielern, von Stefan und Susanne mit der wilden Mähne, die richtig gutes Theater machten. Das wollte was heißen, wenn Konradin, Autorität in dem uns verbindenden Studententheater „Das Kleine Spiel" in Schwabing, so etwas sagte. Damals wurden die Neuen Grünen politisch für uns wichtig. Bei einer Versammlung der SPD spielten die Puppet Players ihren Abriss über Bayerische Geschichte „Unter ∗ Ober ∗ König ∗ Sau" mit eindeutiger Sympathie für die „Unteren". Ich erinnere mich gut an Konradins Begeisterung. – Wir trafen uns selten, ich war gut ausgelastet mit Familie und Beruf, aber letzterer hat sich als Treffpunkt gar nicht schlecht bewährt, denn als Zahnarzt wird man beruflich zwar nicht geliebt, aber doch manchmal gebraucht und wenn das Unangenehme vorbei ist, kommen die Menschen zum Vorschein und da kann man dann drauflos lieben. Glücklicherweise hat Susanne keinen Führerschein, ich darf sie manchmal zur Behandlung abholen, aber vorher frühstücken wir auf der kleinen Pergola vor der Küche mit Blick in den Garten voller Vogelgezwitscher.

Ich will gar nicht vom Theater reden, das ist die Grundlage.
Nachher trifft man sich freundlich eingeladen im Gautinger Haus nach einer Aufführung oder einem Konzertabend mit Jakob und Anna. Der Ofen ist warm, der Hund wedelt freundlich, der Raum anheimelnd, nichts ist schwierig, und doch ist es vollkommen ungewöhnlich, man ist willkommen. Es gibt Wein und Brot und leckere Suppe, die Küche alleine wäre schon Grund genug für einen Besuch. Im Wohnzimmer Stefans schöne Bilder, Zeichnungen zu seinen Wanderungen, Akte, Studien. Alles ist einfach und alles stimmt zusammen. Der Schlüssel steckt außen in der Haustür. Ich möchte ihn noch oft nach links drehen – danke Euch beiden!

Annedore und **Peter Haberl** schreiben im April 2010:
(...) Zum ersten Mal erlebten wir die „London Puppet Players" vor über 30 Jahren. Sie kamen am 12. November 1976 nach Memmingen, damals noch mit George Speaight, und führten im dortigen Stadttheater nachmittags „The Clown's Story" für Kinder auf und abends für Schüler und Erwachsene „Shakespeare & Co" in englischer Sprache. In Erinnerung geblieben ist eine lustige Szene aus Chaucer's „Canterbury Tales", eine Episode aus Dickens' „David Copperfield" („give me my money back!"), und am Schluss saß George Speaight am Rand der kleinen Bühne und sprach einen sehr lyrischen Text aus „Under Milk Wood" von Dylan Thomas.
Im Sommer 1982 waren wir wieder einmal in England. Wir machten uns mit der Northern Line auf nach Islington zum Little Angel Theatre, das merkwürdigerweise in einer ehemaligen Temperenzler-Kirche zu finden ist. Dort gastierten Stefan und Susanne und George Speaight mit „Babar the Elephant". Das kleine Theater ist voll von Mamis und Kindermädchen mit sonntäglich herausgeputzten Kindern, viele davon farbig, und all dies mitten in dieser riesigen Millionenstadt. Ich sehe noch immer den Zug vor dem kleinen Theater vor mir: Ein großer Elefant, von Susi geführt, zieht im Triumph die ganze fröhliche Kinderschar hinter sich her.
Am 26. November 1982 gastierten sie in Memmingen mit der Kasperliade „Deutschland – wo liegt es?"
Am 5. Oktober 1984 wieder in Memmingen mit „Unter ∗ Ober ∗ König ∗ Sau" – ein Bilderbogen über bayerische Geschichte mit Peter Rieckmann.
Einige Jahre später sah ich im Münchner Prinzregententheater „Josa mit der Zauberfiedel". Es war eine Jugendvorstellung, bei der auch eine Auswahl der Münchener Philharmoniker mitwirkte. Im Anschluss an die Vorstellung durfte ich noch einen Blick hinter die Bühne tun und die Schattenfiguren von Nahem anschauen. Sehr beeindruckend war für mich bei dieser Aufführung die wun-

derbare Kulisse mit dem Mond. Ich hatte den Eindruck, dass Stefan und Susi damit in künstlerisch neue Dimensionen vorgestoßen waren. Im Fernsehen sahen wir Turandot von den Salzburger Festspielen, bei denen sie beim Bau und der Führung riesiger Puppen beteiligt waren.
Diese wenigen Erinnerungssplitter tragen wir gerne zu Eurem Buch bei. Aus Peters Tagebüchern ließen sie sich unschwer und termingenau rekonstruieren.

Christian Hiesel-Schill, Leiter der Musikschule Gauting-Stockdorf, schreibt im Januar 2010:
Da ich nicht aus Gauting komme, brauche ich für meine Arbeit Personen, die hier vor Ort verankert sind. Diese Personen sitzen meist in Ämtern und Sekretariaten und vereinbaren mit mir Termine, Raumnutzungen, gemeinsame Veranstaltungen. Deshalb ist es immer wieder schön, wenn hinter den Personen Menschen auftauchen und meine Arbeit mit ihren Einsichten bereichern.
Besonders schön ist es, wenn diese Einsichten als handgeschriebene Briefe oder Faxe ankommen, die schon wegen ihres Schriftbildes eine Wohltat sind. Als wir 2007 das 20-jährige Gründungsjubiläum unserer Musikschule planten, hast Du, Susanne, sofort zugesagt, dabei zu sein. Ihr habt mit dem „Blauen Kurfürst" unsere Festwoche bereichert.
Ich freute mich schon über diesen kleinen Finger, nahm aber doch lieber gleich die ganze Hand. Ich bat Dich nämlich, für die Gautinger Hauptschule einen Stoff vorzuschlagen, den man mit den Schülern zu einem Rock-Musical verarbeiten konnte. Bei den zahlreichen Besprechungen lernte ich bald die Dir eigene Mischung aus Liebenswürdigkeit, Professionalität und Kreativität schätzen, mit der Du die Dinge angehst. Es ist immer herrlich unkompliziert und gleichzeitig produktiv mit Euch! Ich bin glücklich, diesen Anker in Gauting zu haben.

Prof. Henry Beissel, Dichter aus Kanada, schreibt im Februar 2010:
It is both a pleasure and a privilege to be invited to contribute a few notes to the memoir Susanne Forster and Stefan Fichert are preparing to share with us their experiences of a lifetime with puppets and marionettes. They created and successfully operated a puppet theatre – The Puppet Players – for over three decades that has thrilled audiences young and old not only across their native Germany but all across Europe and indeed as far away as South America, China and Japan. And the Puppet Players are still flourishing.
Over the years they have presented the world with a breathtaking variety of theatrical work. Using hand and rod puppets as well as marionettes, they have produced classical and modern plays, collaborating with dancers, musicians and

writers. They were an inspired team, Stefan creating the most marvellous and original puppets, and Susanne almost always one of the most energetic manipulators and directing the productions as well as handling at the same time the complex business affairs of the company. The quality of their performances has been justly applauded and celebrated enthusiastically by both audiences and critics everywhere.

Their extraordinary achievement came at a price – the price of a total commitment to the art and craft of puppetry. As in all the performing arts, the public gets to experience only the final, polished work. They have no idea of the months and years of hard labour that preceded the magic moment when the curtain rises and the lights come up. I have had the good fortune of not only enjoying many exciting performances by The Puppet Players over many years, but also of travelling with the company and watching Susanne and Stefan at their backbreaking work – setting up the stage, manipulating the puppets and creating at the razor edge of their nervous energies and their artistic skills those unforgettable experiences of laughter and tears for their audiences.(...)

It is a source of great delight for me to have played a small part in the success story of the "Puppet Players". (Siehe Seiten 19, 22-25). They've had and still have important partners – the puppeteers and technical crews they trained and employed, the writers, musicians and painters that worked with and for them and the patrons – including their native town Gauting who supported them in hard times. Last not least, the bright and talented children they raised in the midst of their hectic lives, Anna, now a promising scholar, and Jakob, already an accomplished pianist. (...) Not only have they discharged their commitments cheerfully, but they have also found time and energy to develop themselves as independent artists – Susanne as a writer-director and Stefan as a painter. (...) Their theatre has enriched us and deepened our understanding of our humanity. I jump to my feet for a standing ovation full of respect and admiration: Congratulations, Susanne and Stefan! And thank you for a job done magnificently! The best of luck in the years to come, both for you and The Puppet Players! "Heiter sei Euer Leben und ernst die Kunst"!

Wir danken all denen, die das Zustandekommen dieses Buches gefördert und ermöglicht haben. Wir danken den Lehrern, Kollegen, Mitstreitern und Freunden, die einen Beitrag zu diesem Buch geschrieben haben. Wir danken unserem Verleger Wilfried Nold. Wir danken Luitgard und Peter Kirchheim für ihre fachkundige Beratung. Herzlicher Dank geht an Markus Fadl für die kritische Durchsicht des Manuskripts. Besonders danken wir natürlich unseren Sponsoren: der Gesellschaft zur Förderung des Puppenspiels München (Jörg Baeseke und Mascha Erbelding), sowie der Stiftung der Gemeindesparkasse Gauting aus unserem kulturell engagierten Heimatort.

Stefan und Susanne im März 2010

Bibliographische Informationen der Deutschen Bibliothek:
Die Deutsche Bibliothek verzeichnet diese Publikation in der Deutschen Nationalbibliographie. Detaillierte bibliographische Daten sind im Internet über http://dnb.ddb.de abrufbar.

ISBN 978-3-935011-81-5

Konzept & Text: Susanne Forster mit Stefan Fichert · www.puppet-players.de
Lektorat: Markus Fadl
Korrektur: Rosemarie Dinkel, Anna Fichert, Werner Gruban
Gestaltung, Grafiken & Fotos: Stefan Fichert (wenn nicht anders vermerkt)
Bildbearbeitung: Christoph A. Hellhake
Layout & Satz: majazorn mediendesign

© 2010 Wilfried Nold · Verleger
Eppsteiner Str. 22 · D-60323 Frankfurt/M. · Tel. 069 72 20 83 · Fax 069 17 26 58
www.noldverlag.de · wilfried@noldverlag.de

Druck: Interpress, Budapest · www.interpress.eu